번역가의 길

번역가의 길

김욱동 지음

연암서가

지은이 김욱동

포스트모더니즘을 비롯한 서구문학 이론을 국내에 소개하고 그 이론을 토대로 우리 문학 작품과 문화 현상을 새롭게 읽어 내어 주목을 받아 왔다.『번역과 한국의 근대』,『은유와 환유』,『문학 생태학을 위하여』,『소설가 서재필』,『『광장』을 읽는 일곱 가지 방법』,『모더니즘과 포스트모더니즘』,『눈솔 정인섭 평전』,『세계문학이란 무엇인가』,『이양하: 그의 삶과 문학』,『비평의 변증법』,『궁핍한 시대의 한국문학』등의 저서가 있다. 역서로는 어니스트 헤밍웨이의『노인과 바다』, 마크 트웨인의『허클베리 핀의 모험』, 시어도어 드라이저의『아메리카의 비극』, J. D. 샐린저의『호밀밭의 파수꾼』, F. 스콧 피츠제럴드의『위대한 개츠비』, 하퍼 리의『앵무새 죽이기』등이 있다. 현재 서강대학교 인문대학 명예교수로 있다.

번역가의 길

2023년 2월 10일 초판 1쇄 인쇄
2023년 2월 15일 초판 1쇄 발행

지은이 김욱동
펴낸이 권오상
펴낸곳 연암서가

등록 2007년 10월 8일(제396-2007-00107호)
주소 경기도 고양시 일산서구 호수로 896, 402-1101
전화 031-907-3010
팩스 031-912-3012
이메일 yeonamseoga@naver.com
ISBN 979-11-6087-105-0 03700

값 17,000원

내가 번역한 작품이 처음 활자로 찍혀 나온 것은 지금으로부터 50여 년 전, 그러니까 대학에서 영문학을 공부할 때였다. 미국 소설가 맥스 슐먼의 단편소설 「사랑은 오류」를 번역하여 교내에서 일 년에 한 번씩 발행하던 잡지에 실었다. 비슷한 시기에 나는 한 영문학과 교수님의 부탁으로 미국의 여성 작가 도로시 캔필드 피셔의 단편소설 「어느 철학가의 초상화」를 번역하였다. 이 번역 작품은 영어 전문 출판사에서 당시로서는 야심차게 여섯 권으로 기획한 『현대미국문학전집』(1971)에 실렸다. 물론 교수님의 이름으로 실렸고 '유령 번역가'인 나는 유령처럼 모습을 드러내지 않았다. 교수님께서는 내가 번역한 것을 여러모로 손보셨을 것이므로 교수님 이름으로 실리는 것이 마땅하다고 생각하여 나는 조금도 섭섭하지 않았고, 지금도 그러한 심정에는 변함이 없다.

대학원을 막 졸업한 뒤 나는 벤저민 프랭클린의 『자서전』에서 「호루라기」에 관한 일화를 뽑아 번역하였다. 어린 시절 그가 호루라기를 실제 값보다 네 배 값을 치르고 비싸게 샀던 일을 회고하며 쓴 글이다. 프랭클린은 평생 이날의 쓰라린 경험을 늘 가슴에 새기며 살았다. 오늘날에도 영어권에서 "호루라기 값을 너무 비싸게 지불한다"는 말은 어떤 일에 필요 이상의 대가를 지불한다는 관용구로 널리 쓰인다. 이 번역은 당시 월간 교양 잡지 《샘터》에 실렸다. 이 잡지는 당시 꽤 인기를 끌고 있던 터라 아마 많은 사람이 이 글을 읽었을 것 같다. 그러니까 비록 '비공식'으로나마 번역가로서 이름을 올린 것은 이 작품이 처음이다.

그 무렵 나는 영문학자가 되려고 했을 뿐 번역가가 되려는 생각은 별로 하지 않았다. 그러나 미국 유학을 거의 마칠 즈음 나는 다시 번역에 관심을 두기 시작하였다. 영문학 그 자체를 연구하는 것만으로는 어딘지 공허하다는 생각이 들었기 때문이다. 그래서 나는 영문학을 연구하되 두 가지를 염두에 두려고 노력하였다. 그중 하나는 영문학 전공자로 그동안 공부한 서구 이론을 방법론으로 삼아 한국문학 작품을 좀 더 새롭게 읽어 내려는 것이었고, 다른 하나는 국내에 아직 번역되지 않았거나 이미 번역되었어도 일본어 번역에서 부실하게 중역한 작품을 새롭게 번역하여 한국문학의 지평을 넓히려는 것이었다.

　서구문학은 흔히 번역이 만들어낸 산물이라고 주장하는 학자들이 적지 않다. 실제로 서구 문학사의 첫 장은 번역에서 시작한다고 하여도 크게 틀린 말이 아니다. 번역이 중요한 것은 비단 서양문학뿐 아니라 한국문학을 비롯한 동양 문학도 마찬가지다. 이렇게 동양에서나 서양에서나 번역은 한 문화권의 문학을 다른 문화권의 문학과 연결해 주는 교량 역할을 한다. 자칫 잊기 쉽지만 서양어의 대부분에서 ‘번역’이라는 낱말은 라틴어 ‘트란슬라티오(translatio)’에 뿌리를 두고 있다. 그런데 이 말은 ‘트란스페로(transfero)’에서 파생되었다. ‘트란스페로’란 ‘건너서’ 또는 ‘넘어’를 뜻하는 ‘트란스(trans)’와 ‘나르다’ 또는 ‘운반하다’를 뜻하는 ‘페로(fero)’가 결합한 말이다. 그러므로 ‘트란슬라티오’란 떨어져 있는 두 공간 사이에 어떤 물건을 실어 나르는 행위를 가리킨다. 비유적으로 말하자면 나룻배(번역)에 짐(원천 텍스트)을 싣고 강(언어의 장벽)을 건너 반대쪽(목표 텍스트)으로 옮겨 나르는 것과 같다.

　이렇듯 번역가란 육지와 육지 사이에 가로놓여 있는 강을 건너게 해 주는 뱃사공의 역할을 하는 사람이다. 나룻배를 젓는 뱃사공이 없다면 한 육지에 머물 수밖에 없듯이 번역자가 없다면 한 나라의 문학은 민족문학의 울타리에 갇혀 있을 수밖에 없다. 영국의 번역 이론가 조지 스타이너는 "만약 번역이 없다면 우리는 침묵에 가까운 변방에 살고 있을 것이다"라고 밝힌 적이 있다. 우리가 이렇게 침묵 속에서 변방에 살지 않고 다른 나라들과 의미 있는 대화를 나누며 살고 있는 것은 다름 아닌 번역의 힘 때문이다.

유학을 마치고 귀국하면서 나는 한편으로는 외국문학 이론을 소개하고 그것을 토대로 한국문학 작품을 새롭게 해석하는 데 관심을 기울였고, 다른 한편으로는 영문학 작품을 번역하는 데 힘을 쏟았다. 영문학 중에서도 미국문학을 전공하는 나는 지금까지 영국문학보다는 주로 미국문학 작품을 번역해 왔다. 미국문학 중에서도 동시대 작품보다는 고전 작품을 번역하는 데 주력하였다. 영국문학 작품을 번역한 것으로는 조지 오웰의 『동물농장』이 유일하다.

영문학 외의 작품으로 나는 호메로스 이후 최고의 그리스 작가로 흔히 일컫는 니코스 카잔차키스의 『그리스인 조르바』를 번역하였다. 내가 그리스 작품을 번역한 것은 그리스어 원문에서 직접 번역한 작품이 아직 국내에 없었을뿐더러 국내에 시판 중인 번역서는 그리스에서 프랑스어로, 다시 프랑스에서 영어로 3중 번역한 텍스트를 저본으로 삼아 번역했기 때문이다. 마침 미국에서 그리스문학 연구가가 이 소설을 새롭게 번역하여 출간한 참에 영어 텍스트를 저본으로 삼아 번역하고 싶었다. 불가피한 경우가 아니라면 번역가는 3중역은 말할 것도 없고 중역 역시 반드시 피해야 할 함정이다.

나는 영문학 작품을 번역하는 일과 더불어 번역 이론 쪽에도 관심을 두었다. 대학에서 번역 연구나 번역학을 강의하다 보니 번역 실제 못지않게 번역 이론에도 주목하지 않을 수 없었다. 번역 이론을 다루는 책과 함께 한국의 번역사를 다루는 책에 관심을 기울였다. 『번역인가 반역인가』(문학수첩, 2007), 『번역과 한국의 근대』(소명출판, 2010), 『근대의 세 번역가』(소명출판, 2010), 『번역의 미로』(글항아리, 2011), 『오역의 문화』(소명출판, 2014) 등이 바로 그것이다. 이 책은 그동안 내가 출간한 번역 관련서의 연장선상에 놓여 있다.

이 책에 실린 다섯 편의 글 중 첫 번째 '번역가의 길'에서는 번역가로서의 경험을 바탕으로 번역가가 걸어야 할 험난한 길을 다루었다. 요즈음 '전문 번역가'라는 용어를 자주 사용하지만 굳이 전문과 비전문을 가릴 필요는 없을 것 같다. 그러므로 첫 번째 글은 번역가라면 누구나 귀담아들을 만한 내용이다. 번역가가 평소 느낀 소감을 번역가 지망생에게 주는 '우정 어린 충고'라고 할 만하다. 또한 이 글을 쓰면서 나는 문학 작품을 번역하는 문학 번역가는 말할 것도 없고 문학 작품이 아닌 문서를 번역하는 기술 번역가도 염두에 두었다.

두 번째 글 '번역과 반역 사이'는 미국문학 작품, 그중에서도 흔히 '미국 현대문학의 삼총사'로 일컫는 F. 스콧 피츠제럴드, 어니스트 헤밍웨이, 윌리엄 포크너의 작품 번역과 관련한 글이다. 이 세 작가의 작품을 번역하면서 나는 호기심에서 다른 국내 번역가들이 어떻게 번역했는지 살펴보았다. 그랬더니 예상 밖으로 졸역과 오역이 많다는 데 놀랐다. 그래서 어떻게 하여 이렇게 졸역이나 오역이 생겼는지 그 이유를 찬찬히 살폈다.

세 번째 글 '속담의 성차별과 젠더 번역'은 요즈음 첨예하게 부각된 젠더 문제와 관련한 번역 문제를 염두에 두고 쓴 것이다. 최근 대중매체에서 '젠더'니 '성인지 감수성'이니 하는 용어를 심심치 않게 듣게 된다. 그만큼 현대 사회에서 젠더를 둘러싼 문제는 아주 중요한 이슈로 부각되었다. 흔히 언어는 '사상의 집'이라고 한다. 언어 중에서도 특히 민중의 지혜가 담긴 속담이나 격언에는 알게 모르게 가부장적인 남성중심주의와 그에 따른 성차별이 숨겨져 있다. 유능한 번역가라면 이제 젠더 문제에도 무관심할 수 없을 것이다.

네 번째 글 '성경 번역에 대하여'에서 나는 제목 그대로 한글성경 번역과 관련한 여러 문제점을 다루었다. 이 문제는 그동안 기독교 연구가들과 성경학자들이 꾸준히 다루어 왔기 때문에 그다지 신선한 주제는 아니다. 다만 나는 문학 번역가의 관점에서 성경 번역 문제를 조심스럽게 취급했을 뿐이다. 어떻게 하면 한글성경이 디지털 시대에 걸맞게 좀 더 정교하게 다듬어질 수 있을까? 어떻게 하면 한글성경이 시대 의상 같은 낡은 옷을 훌훌 벗고 유행에 뒤지지 않는 새 옷으로 갈아입을 수 있을까? 젊은 세대에게 좀 더 가깝게 다가갈 수 있도록 문체를 젊게 할 방법은 없을까? "새 술은 새 부대에 담아야 한다"는 성경 구절도 있듯이 한글성경이 시대에 걸맞은 번역으로 거듭나기를 바라는 마음에 나는 몇 가지 제언을 하였다.

마지막 글에서 나는 윌리엄 셰익스피어의 『햄릿』에서 가장 유명한 독백 중 한 대목인 "To be or not to be: that is the question"을 국내 번역가들이 그동안 어떻게 번역해 왔는지 살폈다. 일제 강점기부터 21세기에 이르기까지 가히 백가쟁명(百家爭鳴)을 떠올릴 만큼 많은 번역가가 이 독백을 서로 다른 방식으로 번역하였다. 이 글에서 나는 이 독백을 시금석으로 삼아 다양한 번역 방식을 제시하면서 내가 '독창성 오류'라고 부르는 현상을 경고하였다.

앞에서 언급한 벤저민 프랭클린은 집이 가난한 데다 형제들이 많아 어린 시절 인쇄소의 식자공으로 잔뼈가 굵었다. 그래서 오자를 잡아내는 데 누구보다도 이력이 난 그는 『자서전』에서 오자가 없는 책이 없듯이 실수가 없는 인생도 없다고 밝힌 적이 있다. 나는 프랭클린의 말을 한발 더 밀고 나가 오역이 없는 번역도 없다고 말하고 싶다. 이런저런 이유로 원문을 완벽하게 옮기지 못한 것 자체가 어찌 보면 오역이라고 할 수 있다. '완벽한' 번역은 좀처럼 이룰 수 없는 드높은 이상일지는 몰라도 번역가는 '차선(次善)'을 향하여 끊임없이 노력해야 한다. 번역을 하면 할수록 번역가란 '번역과 반역 사이'에서 아슬아슬하게 줄타기를 하는 곡예사와 같다는 느낌을 떨구어내기 어렵다.

세계문학이 대세를 이루고 있는 21세기에 번역의 방법과 전략도 전과는 달라져야 한다. 1998년에 포르투갈 작가로서는 최초로 노벨 문학상을 받은 주제 사라마구는 "작가들은 민족문학을 만들어내지만 번역가들은 세계문학을 만들어낸다"고 말한 적이 있다. 세계문학 시대에 번역가는 이제 새로운 임무를 맡아야 한다. 번역가는 독자들이 민족문학의 문을 활짝 열어젖히고 세계문학의 광장에 선뜻 나가 세계정신을 마음껏 호흡할 수 있도록 이바지해야 한다.

나는 이 책을 출간하는 데 여러 기관과 여러 사람한테

서 크고 작은 도움을 받았다. 국내외 자료를 구해 준 서강대학교 로욜라도서관 관계자들에게 감사드린다. 또한 이 글의 일부를 발표한 잡지와 학회지 편집자들에게도 이 자리를 빌려 고마움을 표한다. 마지막으로 그 어느 때보다 출판계가 불황의 늪에서 좀처럼 헤어나지 못하고 있는 요즈음 이 책의 출간을 선뜻 허락해 주신 연암서가의 권오상 대표님과 이 책이 햇빛을 보도록 여러모로 애써 주신 편집진에게도 감사를 드린다.

2023년 1월
해운대에서
김욱동

작가들은 민족문학을 만들어내지만
번역가들은 세계문학을 만들어낸다.

—주제 사라마구(José Saramago)

만약 번역이 없다면 우리는 침묵에
가까운 변방에 살고 있을 것이다.

—조지 스타이너(George Steiner)

번역가의 길

시인은 선천적으로 태어나는가, 아니면 후천적으로 만들어지는가? 좀 더 구체적으로 말해서 시인이 되려면 예술의 신 무사(Μουσα, 뮤즈)의 축복을 받고 태어나야 하는가, 그렇지 않으면 얼마든지 후천적인 훈련과 학습의 힘으로 시적 능력을 계발할 수 있는가? 이 문제를 두고 그동안 시인들과 시학 연구가들이 입에 침이 마르도록 열띤 논쟁을 벌여 왔다. 그런데도 지금껏 아직 만족할 만한 결론에 이르지 못하였다. 한쪽에서는 선천적 축복 쪽에 손을 들어주는가 하면, 다른 쪽에서는 후천적 훈련과 학습 쪽에 손을 들어두면서 여전히 의견이 활시위처럼 팽팽하게 엇갈린다.

그런데 시인의 자질에 대한 이러한 물음은 비단 시인뿐 아니라 더 나아가 번역가에게도 마찬가지로 해당한다. 번역가가 되려면 번역가로서의 천부적으로 재능을 부여받고 태어나야 하는가, 아니면 후천적으로 노력하고 훈련을 쌓아야 하는가? 이 물음에 대하여 나는 두 가지 모두 정답이라고 생각한다. 굳이 영어 문법을 빌려 말하자면 '이것이냐 저것이냐(either/or)'의 선택적 관점이 아니라 '모두 둘 다(both/and)'의 포용적 관점에 해당한다.

번역가는 남달리 탁월한 직관력과 언어 감각을 갖추어야 한다는 점에서는 생득적 재능에 무게가 실린다. 그러나 원천어(source language), 즉 번역할 대상 작품이 쓰인 언어를 학습하는 것은 어디까지나 후천적으로 이루어지는 작업이다. 또한 목표어(target language), 즉 외국 작품을 번역할 언어를 좀 더 갈고 닦기 위해서도 후천적 노력과 훈련이 필요하다. 어머니의 무릎에서 자연스럽게 습득한 모국어가 목표어가 되는 경우가 대부분이지만 모국어도 끊임없이 갈고 닦지 않으면 누렇게 녹이 슬게 마련이다. 그렇다면 시인처럼 번역가에게도 생득적 자질 못지않게 중요한 것이 후천적 훈련과 교육이다.

그러나 "번역가는 태어나는가, 아니면 만들어지는가?"라는 물음을 천칭에 올려놓고 무게를 단다면 아무래도 어느 한쪽으로 기울어질 수밖에 없다. 양쪽 접시에 물건을 올려놓고 무게를 달 때 형평을 유지하는 천칭을 찾아보기란 여간 어렵지 않다. 번역의 천칭도 이와 마찬가지여서 선천적 재능을 올려놓은 접시 쪽보다는 후천적 훈련을 올려놓은 접시 쪽으로 기울어지게 마련이다. 물론 선천적 재능을 타고 났으면 금상첨화일 테지만 후천적 훈련을 통해서도 얼마든지 유능한 번역가가 될 수 있기 때문이다. 이러한 사정은 시인보다도 번역가의 경우에 더더욱 그러하다.

한국어를 감칠맛 나게 잘 구사하기로 이름을 떨친 시인 정지용(鄭芝溶)은 젊은 시인들에게 주는 충고에서 "모어(母語)와 외어(外語) 공부에 중학생처럼 굴종할 수 있는 시간을 가지라"고 말한 적이 있다. '모어'란 두말할 나위 없이 모국어를 말하고 외어란 외국어를 말한다. 이 두 언어를 마치 영어를 갓 배우기 시작한 중학생처럼 비굴할 정도로 열심히 배우라는 말이다. 정지용의 이 충고는 비단 시인들뿐 아니라 번역가들도 귀담아듣고 마음속에 깊이 되새겨야 할 말이다.

이 점에서는 이하윤(異河潤)도 크게 다르지 않다. 그는 번역자에게 외국어 못지않게 중요한 것이 모국어라는 사실을 역설하였다. 다만 이하윤은 정지용과는 달리 모국어 구사력과 외국어 구사력의 두 가지 조건에 번역할 작품에 대한 깊은 이해라는 제3의 조건을 덧붙인 것이 조금 다를 뿐이다. 번역시집 『실향(失鄕)의 화원』(1933)의 서문에서 이하윤은 "우리말조차 잘 알지 못하는 역자로서는 같은 말을 쓰시

번역에서 외국어 못지않게 자국어의 중요성을 강조한 영국의 비평가이자 번역가인 존 드라이든.

는 여러분께 더욱 죄만스러운 생각이 많으나 고르지 못한 세상이라 어떻게 하겠습니까. 외국어와 자국어와 시가(詩歌) 이 세 가지에 조예가 다 같이 깊어야만 완성될 수 있는 일이니까요"라고 솔직하게 고백한다.

이렇게 번역에서 외국어 못지않게 모국어의 중요성을 부르짖은 것은 그 역사가 꽤나 오래되어 저 멀리 17세기로 거슬러 올라간다. 영국 문학사에서 흔히 가장 위대한 풍자 시인이요 번역가이자 문학 평론가로 평가받는 존 드라이든은 고대 그리스 서사시인 호메로스와 로마 시인 베르길리우스의 번역과 관련하여 번역가 중에는 "그리스어와 라틴어를 잘 알고 있으면서도 막상 모국어(영어)에 대해서는 무식한 사람이 많다"고 지적하였다. 그러면서 드라이든은 번역가라면 모국어와 외국어를 모두 잘 알고 있어야 하지만, 만약 그중에서 어쩔 수 없이 어느 한쪽을 희생해야 한다면 차라리 외국어 쪽을 희생하는 쪽이 더 낫다고 말하였다. 이 점과 관련하여 드라이든은 "모국어를 완벽하게 구사하지 못한다면 번역가는 유용성과 쾌락성을 달성할 수 없다. 그리고 그것을 달성하지 못한다면 (그가 옮긴) 번역 작품을 읽는다는 것은 죄를 용서받는 것처럼 고통스럽고 피곤할 뿐이다"라고 밝혔다.

'번역자'와 '번역가'

　대학 신입생 면접을 보면서 지원 학생들에게 그 많은 전공 학과 중에서 하필이면 왜 영문학과를 선택했느냐고 물어보곤 한다. 그러면 열에 여덟아홉은 전문 번역가가 되고 싶어서 지원한다고 대답한다. 왜 전문 번역가가 되고 싶으냐고 다시 물으면 대부분의 학생들은 제대로 대답을 하지 못하고 대충 얼버무리기 일쑤다. 그도 그럴 것이 전문 번역가에 대한 막연한 동경과 기대를 품었을 뿐 미처 구체적인 동기까지는 생각하지 않았기 때문이다.

　어찌 되었든 영문학을 비롯한 외국문학 지망생들에게 전문 번역가는 매력적인 직업임이 틀림없다. 무엇보다도 일정한 규칙에 얽매이기 싫어 하는 젊은 세대에게 프리랜서 번역가라는 직업은 그야말로 안성맞춤처럼 보일지도 모른다. 직장 상사의 눈치를 볼 필요도 없고 출퇴근에 쫓기는 일도 없을 것이다. 집에서 자유롭게 작업하거나 조금 따분하다 싶으면 노트북 컴퓨터를 들고 동네 곳곳에 있는 멋진 카페에 나가 여유롭게 음악을 듣고 커피를 마시며 작업할 수도 있다. 물론 '스타' 번역가 이야기이기는 하지만 번역하여 출간한 한두 작품이 크게 인기를 끌면 웬만한 봉급생활자와 수입이 비슷하거나 그보다 더 나을 수도 있다.

미국의 여성 작가 하퍼 리는 장편소설 『앵무새 죽이기』(1960) 한 권을 출간하여 90살까지 편안하게 살았다. 본디 미국 남부 앨라배마주의 소도시 먼로빌에서 태어난 그녀는 이 소설에서 받은 인세 덕분에 평생 아무런 돈 걱정도 하지 않

2007년 '자유의 메달' 시상식에 참석하여 조지 W. 부시 대통령과 파안대소를 하고 있는 하퍼 리.

왔다. 무더운 여름철이면 뉴욕시에 가서 지내고, 한겨울에는 따뜻한 앨라배마주에서 지냈다. 젊은 작가 지망생에게 하퍼 리는 그야말로 선망의 대상이 아닐 수 없었다. 2000년대에 들어와서만 그녀가 인세로 받은 돈이 1년에 줄잡아 250만 달러였다. 지금 환율로 계산하면 33억 7,000만 원이나 되는 엄청난 액수다. 습작 시절 썼던 원고를 출간한 『파수꾼』(2015)은 출간되던 한 해만 1,000만 달러의 인세 수입을 올렸다. 2016년 사망할 당시 하퍼 리의 총재산은 3,500만 달러에 이르렀다. 하퍼 리는 창작가였지만 이러한 사정은 번역가에도 어느 정도 해당한다.

돌이켜보면 겨우 50~60년 전만 하여도 '번역자'라는 말이 널리 쓰였을 뿐 '전문 번역가'는 말할 것도 없고 '번역가'라는 말조차 좀처럼 사용하지 않았다. '번역자'와 '번역가' 사이에 도대체 무슨 차이가 있느냐고 따져 물을 사람이 없지 않을 것 같다. 실제로 이렇게 번역하는 사람을 애써 구분 짓는 것은 동양 문화권에서만 볼 수 있는 기이한 현상이다. 영어에서는 'translator', 여성과 남성과 중성의 문법(文法性)을 사용하는 프랑스어와 독일에서는 각각 'traducteur/traductrice'와 'Übersetzer/Übersetzerin'라고 하여 '번역자'와 '번역가'를 구분짓지 않는다.

그러나 한국어 속담에 "'어' 다르고 '아' 다르다"는 말이 있듯이 '번역가'는 '번역자'와 쓰임새나 의미가 조금 다르다. '번역자'는 '원작자'에 대응하는 말로 작품을 번역한 사람이라면 누구나 이 범주에 들어간다. 번역서를 보면 '역자'나 '옮긴이'라고 적혀 있다. 여기서 '역자'나 '옮긴이'가 바로 '번역자'에 해당한다. 특히 학술 서적이나 자기개발서 같은 일반교양 서적, 또는 사업이나 법률 문서 등 기술 번역에 주로 종사하는 사람은 '번역가'보다는 '번역자'로 부르는 것이 보통이다.

한편 '번역가'라고 하면 '작가'나 '음악가' 또는 '미술가'처럼 흔히 어느 예술 분야에서 일가견을 이룬 사람을 가리킨다. 특히 문학 작품을 번역하는 사람은 '번역자'보다도 '번역가'라고 부른다. 이 '번역가'라는 말에 '전문'이라는 관(冠)을 얹어 '전문 번역가'라고 하면 훨씬 더 격이 올라간다. 번역가이되 의사나 변호사처럼 전문직에 종사하는 사람이라는 뜻이 함축되어 있기 때문이다. '유가(儒家)'니 '도가(道家)'니 '불가(佛家)'니 할 때의 바로 그 '가(家)' 자다.

불과 몇 십 년 전만 하여도 번역을 전문으로 하는 '번역가들'은 거의 없었고, 외국문학 전공 교수들이 번역을 '부업'으로 삼고 있었다. 그 '부업'마저도 직접 하는 대신 대학원 학생들에게 시키는 교수도 없지 않았다. 그러한 번역도 한 학생이 도맡아 하는 것이 아니라 여러 학생이 몇십 쪽씩 나누어서 한 뒤 한데 모아 출간하기 일쑤였다. 지금은 시들 해졌지만 특히 노벨 문학상 수상자가 발표되는 10월이 되면 이렇게 웃지 못 할 해프닝이 일어나곤 하였다. 그러다 보니 어휘도 문체도 조각 이불처럼 각양각색이었다. 심지어는 작중인물들의 이름조차 서로 다르게 표기되는 경우마저 있었다. 도급이나 하도급이 부실 건물을 낳듯이 이렇게 '하청'받아 이루어진 번역도 부실할 수밖에 없다.

번역이 '부업'이나 '도급'이라는 더부살이에서 벗어나 따로 살림을 차리기 시작한 것은 겨우 몇 십 년밖에 되지 않는다. 그 시기를 아무리 길게 잡아도 서울 올림픽이 개최되던 1980년대로 거슬러 올라가기 쉽지 않다. 1995년 한국이 문학·예술적 저작물의 보호를 위한 베른협약에 가입하면서 전문 번역이 자리 잡기 시작하였다. 이때부터 번역가들이 '전문'이라는 이름을 내걸고 우후죽순처럼 나타나기 시작하였다. 현재 한국번역가협회에 등록된 번역가 수는 무려 1,500명이 넘는다. 그러나 출판계에서는 그보다 네 배 이상 많은 6,000명가량이 될 것으로 추산한다.

이렇게 전문 번역가가 갑자기 늘어난 데는 그럴 만한 이유가 있다. 대한출판문화협회가 국립중앙도서관과 국회도서관에 납본된 도서 자료를 집계한 '2021년 출판통계'에 따르면 2020년 발행된 신간 도서는 모두 6만 5,000여 종이다.

그중 번역 도서가 1만 2,000여 종으로 무려 18퍼센트가 넘는
다. 2008년에는 무려 31퍼센트까지 올라간 적도 있다. 그러
다 보니 전문 번역가를 양성하기 위한 사설 기관이 생겨나
고 대학 차원에서도 통번역대학원은 말할 것도 없고 심지어
학부에도 번역학과를 설치할 정도다.

그러나 아무리 번역학과나 통번역대학원을 졸업하여도,
또 아무리 한국번역가협회 같은 기관에서 번역사 인증서나
자격증을 받았다고 하여도 '전문 번역가'라고는 할 수 없다.
의사나 변호사 같은 다른 전문직과는 달라서 번역가에게는
실무에서 탁월한 능력을 보여 주지 않는 한 자격증이나 인
증서는 이렇다 할 의미가 없다. 실제로 아무리 자격증이나
인증서를 갖추고 있어도 번역가 지망생이 외국문학 작품을
번역하여 단행본으로 출판하기까지의 과정은 생각보다 훨
씬 어렵다. 출판사들의 대부분은 이미 관계를 맺어 온 번역
가들을 섭외하기 일쑤다. 그도 그럴 것이 신인 번역가에게
번역을 맡겼다가는 자칫 일을 그르칠 가능성이 무척 크기
때문이다.

세계적 출판그룹 베텔스만의 한국 자회사인 베텔스만
코리아가 2004년에 출간한 댄 브라운의 추리소설 『다빈치
코드』(2003)의 번역은 이러한 경우를 보여 주는 더할 나위
없이 좋은 예로 자주 꼽힌다. 미국에서 우연히 이 작품을 읽

오역 문제로 국내 번역계에 파문을 일으킨 『다빈치 코드』.

고 감동받은 한 젊은 독자가 취미 삼아 번역하여 베텔스만 코리아에 원고를 보냈고, 출판사는 철저하게 원문 대조 작업을 거치지도 않은 채 낯선 번역가의 원고를 서둘러 출간하였다. 당시 출판계의 불황에서도 이 번역서는 출간한 해 100만 권 판매를 돌파하였고, 몇 달 지나지 않아 다시 200만 권 고지를 넘어서는 등 그야말로 보기 드물게 낙양(洛陽)의 지가(紙價)를 올렸다.

그런데 『다빈치 코드』 번역은 출간한 지 일 년도 채 되지 않아 오역 시비에 휘말렸다. 영어 문해력이 부족한 탓에 틀리게 번역한 곳이 수두룩하게 발견되었기 때문이다. 이 해묵은 오역 문제를 다시 언급하는 것은 오역의 실태가 얼마나 심각한지 지적하기 위해서다. 첫 문장부터가 오역으로 어떻게 손을 써야 할지 모를 정도다.

"움직이지 마시오." 냉기에 가까운 목소리였다.
소니에르는 손과 무릎이 얼어붙는 것을 느끼며 머리

를 천천히 돌렸다.

A voice spoke, chillingly close. "Do not move."

On his hands and knees, the curator froze, turning his head slowly.

첫 문장 "A voice spoke, chillingly close"는 "냉기에 가까운 목소리"가 아니라 소름이 끼칠 만큼 가까이서 누군가가 말했다는 뜻이다. 문법적으로 말하자면 'chillingly close'는 '목소리'를 수식해 주는 형용사구가 아니라 누군가가 '말하는' 동작을 수식해 주는 부사구다. 갑자기 바로 옆에서 누군가 말을 걸어오니 몸이 오싹할 정도로 놀랄 수밖에 없을 것이다. 'chillingly close'는 수사학적으로 말하자면 환유법(換喩法), 좀 더 정확히 말하자면 결과로써 원인을 나타내는 제유법(提喩法)이다. 누군가가 옆 가까이서 소리를 내므로 소름이 끼치기 때문이다. 더구나 "움직이지 마시오"도 적절한 번역으로 보기 어렵다. 이 표현은 의사가 진찰을 받는 환자에게 하는 말일지언정 강도가 누군가를 협박하거나 위협하는 말로는 부적절하다. "꼼짝하지 마!" 또는 "꼼짝 마!"로 옮겨야 한다.

두 번째 단락 "소니에르는 손과 무릎이 얼어붙는 것을

느끼며 머리를 천천히 돌렸다"도 오역이기는 마찬가지다. 그냥 루브르 박물관의 '큐레이터'라고 하지 않고 친절하게 이름을 밝혀 '소니에르'로 옮긴 것까지는 크게 문제가 되지 않는다. 그러나 그가 손과 무릎이 얼어붙는 것 같은 느낌이 들었다는 것은 분명한 오역이다. 웬만큼 영어 문해력이 있는 번역가라면 아마 "on his hands and knees"라는 부사구가 무릎을 꿇고 기어가는 동작을 가리킨다는 것쯤은 알 것이다. 그런데도 해당 번역가는 이 부사구를 "the curator froze"의 'froze'와 연관시켜 번역하였다.

또한 "The click of an empty chamber echoed through the corridor"라는 문장도 번역가는 "빈 화랑에 딸각하는 소리가 울려 퍼졌다"로 옮겼다. 그러나 여기서 'chamber'는 화랑이 아니라 총포의 약실(藥室)을 가리키는 말이다. "총의 빈 약실에서 나는 딸깍 소리가 복도를 타고 울려 퍼졌다"로 옮기거나 "탄약이 없는 빈 권총이 딸깍하는 소리가 복도를 타고 울려 퍼졌다"로 옮겨야 한다.

이렇듯 번역 원고를 원천 텍스트(source text)와 면밀히 대조해 보지 않고서는 오역을 잡아낼 길이 없다. 번역 원고만 읽는 편집자는 원문이 원래 그렇게 되어 있으려니 하고 그냥 넘어가기 십상이다. 번역 원고를 출판할 때 무엇보다도 편집자의 역할이 중요한 것은 바로 그 때문이다. 영어나 일본어로 쓰인 작품은 그래도 원문 대조가 비교적 쉬운 편이지만 가령 러시아어나 그리스어 같은 낯선 언어로 쓰인 작품의 경우 해당 언어에 대한 문해력이 있는 편집자가 아니고서는 원문 대조 작업을 제대로 할 수 없다. 이러한 상황에서 출판사에서는 『다빈치 코드』 번역을 거울로 삼아 번역가를 고르는 데 더더욱 주의를 기울일 수밖에 없을 것이다.

이번에는 프랑스어를 원천어로 하는 텍스트를 한 예로 들어보기로 하자. 다음은 대중문화와 미디어와 소비사회 이론으로 이름을 떨친 철학자요 사회학자인 장 보드리야르의 『시뮬라시옹과 시뮬라크르』(1981)를 『시뮬라시옹』이라는 제목으로 번역한 책에서 뽑은 한 대목이다.

만약에 사람들이, 사실은 선적인 일관성이나 변증법적인 양극성이라는 것들이 더 이상 존재하지 않는 시스템 속에서, 억지로 관습적인 시뮬라시옹을 가지고 뒤틀어놓은 영역 안에서, 아무 사건의 사이클 전체를 예견해본다면, 이 행위나 사건은 모든 사람에게 득을 주었고 모든 방향으로 바람 통하듯이 통해 버렸기 때문에 사이클의 끝에 와서는, 이 행위에 대한 모든 임의로운 한정은 공중으로 날아가 버리고 그와 함께 모든 행위는 폐기되어 버린다.

아무리 되풀이하여 읽어보아도 도대체 무슨 뜻인지 좀처럼 헤아릴 수 없다. 그렇다면 이렇게 난해한 문장을 구사한 책임은 과연 누구에게 있는가? 원천 텍스트의 저자인 보드리야르에게 책임을 돌릴 수도 있지만 번역자도 책임을 면하기 어렵다. 원천 텍스트가 한 문장이라고 하여 목표 텍스트를 그대로 한 문장으로 번역할 필요는 없다. 프랑스와 한국어는 문장 구조가 서로 다르기 때문이다. 가령 긴 문장은 한두 문장으로 나누어 번역할 수도 있고, 이와는 반대로 짧은 두세 문장은 한 문장으로 번역할 수도 있다. 번역에서 무엇보다도 중요한 것이 첫째는 의미의 정확한 전달이고, 둘째는 독자가 그 의미를 쉽게 이해할 수 있는 가독성이다. 위번역은 이 두 가지에서 모두 실패했다고 볼 수밖에 없다.

방금 앞에서 프랑스와 한국어의 문장 구조 차이를 언급했지만 그러한 차이를 말하자면 정도의 차이는 있을망정 프랑스어와 영어의 경우도 마찬가지다. 보드리야르의 책은 셰일러 글레이저 번역으로 미국에서 1994년에 출간되었다.

If one envisions the entire cycle of any act or event in a system where linear continuity and dialectical polarity no longer exist, in a field *unhinged by simulation*, all determination evaporates, every act is terminated at the end of the cycle having benefited everyone and having been scattered in all directions.

글레이저의 영어 번역은 한 번만 읽어도 쉽게 그 의미를 알아차릴 수 있다. 한 번 읽어서 제대로 의미를 알아차릴 수 없다면 두 번만 읽으면 될 것이다. 문장이 조금 길기는 하여도 '만약 ~한다면, ~하게 될 것이다'라는 조건법 문장 구조를 이해하는 영어 해독자라면 쉽게 이해할 수 있다. 프랑스어를 해독하지 못하는 독자라면 아마 한국어 번역서 대신 영어 번역서를 읽을 것이다. 이왕 영어 번역 이야기가 나왔으니 말이지만 프랑스 전공자 중에는 프랑스어 원서를 읽다가 영어 번역서를 읽노라면 쉽게 이해가 간다고 말하는 사람들이 적지 않다. 실용성을 중시하는 영어 번역자들은 무엇보다도 의미 전달과 가독성에 무게를 싣기 때문이다.

원천어에 대한 문해력

고대 그리스의 도시국가 테바이에 들어가려는 사람이라면 누구나 오이디푸스처럼 스핑크스가 내는 수수께끼를 풀어야 하듯이 유능한 번역가가 되기 위해서도 반드시 풀어야 할 몇 가지 선결문제가 있다. 이 문제를 먼저 해결하지 않고서는 탁월한 번역가가 되기 어렵다. 그런데 문제는 비록 이러한 선결문제를 깨닫고 있으면서도 막상 실천에 옮기기란 그렇게 쉽지 않다는 데 있다.

그렇다면 뛰어난 번역가라면 자격증이나 인증서 대신 과연 어떤 자질을 갖추어야 할까? 번역가의 자질을 둘러싼 문제는 그 역사가 무척 오래되었다. 역사적으로 번역은 흔히 경전을 번역하는 일과 깊이 관련되어 있다. 서구에서 그 역사는 이른바 '70인 역'으로 일컫는 성경 번역에서 찾을 수 있고, 동양에서는 인도의 불교가 중국 대륙으로 전파되면서 경전 번역에서 그 역사를 찾을 수 있다. 이때부터 번역의 역할과 번역가의 자질에 대한 문제가 끊임없이 논의되어 왔다.

번역가는 무엇보다도 먼저 원천어, 즉 번역할 작품이 쓰인 언어에 대한 문해력(文解力)이 뛰어나야 한다. 여기서 '독해력(讀解力)'이라고 하지 않고 굳이 '문해력'이라고 한 데는 그럴 만한 이유가 있다. '문해'를 흔히 '문맹'의 반대말로 받아들여 글을 읽을 줄 아는 능력으로 이해하는 사람들이 적지 않다. 그도 그럴 것이 문맹을 뜻하는 영어 'illiteracy'의 반대말이 다름 아닌 'literacy'이기 때문이다. 국립국어원에서는 문해력을 "현대 사회에서 일상생활을 해 나가는 데 필요한 글을 읽고 이해하는 최소한의 능력"이라고 규정한다. 한글의 뛰어난 가독성 덕분에 현재 한국의 문맹률은 1퍼센트 이하로 거의 모든 국민이 글자를 읽고 쓸 수 있다시피 하다. 한국이 문화 강국으로 발돋움할 수 있었던 것도 따지고 보면 세계에서 가장 낮은 문맹률이 크게 이바지하였다.

그러나 문해력이란 단순히 문자를 해독하여 소통하는 능력을 뛰어넘어 심층적 의미까지 파악할 줄 아는 능력을 말한다. 이러한 능력을 '실질적 문해' 또는 '문해 능숙'이라고 한다. 좀 더 구체적으로 말해서 한 사회에서 문서를 읽고 그 의도나 맥락을 정확히 이해할 수 있는 능력을 말한다. 이러한 언어의 문해력 외에도 해당 문화를 제대로 해독할 수 있는 '문화 문해력', 정보를 파악할 수 있는 '정보 문해력', 미디어의 언어를 이해할 수 있는 '미디어 문해력' 등이 있다.

원천어에 대한 문해력을 갖추려면 무엇보다도 해당 언어에서 흔히 쓰이는 함축을 잘 이해해야 한다. 함축에는 여러 종류가 있지만 그중에서도 '화자 함축'을 예로 들어보기로 하자. 화자 함축은 화자가 의도하는 의미와 화자가 말하는 문장이 서로 다를 때 일어난다. 가령 "I don't think so"라는 문장을 예로 들어보자. 우선 이 문장은 영한사전에 난이도를 가리키는 별표(*)가 세 개쯤 붙어 있을 만큼 아주 쉬운 기본 필수 단어로 구성되어 있다.

그러나 얼핏 대수롭지 않은 문장처럼 보이지만 막상 적절하게 번역하기란 그렇게 녹록하지 않다. 이 표현은 ① 화자의 주장이나 의견이 피화자의 의견이나 주장이 아닌 것 같을 때, ② 화자의 주장이나 의견이 피화자의 의견이나 주장과 서로 다를 때, ③ 화자의 주장이나 의견을 받아들이지 않거나 싫다고 할 때 사용한다. 항목 ①과 항목 ②는 비슷한 것 같으면서 뉘앙스가 조금 다르다. 항목 ①에서는 확실하게 말할 수는 없지만 아무래도 피화자가 생각하기에 아닌 것 같다고 조심스럽게 유보를 두는 듯한 뉘앙스를 풍긴다. 항목 ②에서 피화자는 자기의 의견을 좀 더 분명하게 피력한다. 한편 항목 ③에서는 거절의 의미에 좀 더 무게가 실린다. 즉 "No, I don't want to"라는 문장을 완곡하게 표현하는 말이다.

존: May I ask you something?

(뭐 물어봐도 돼?)

메리: Yeah.

(그래.)

존: You want to go out for dinner with me tonight?

(오늘 저녁 나랑 저녁 먹으러 나갈 수 있어?)

메리: I don't think so. I have an appointment with

my boyfriend.

(안 될 것 같은데. 남자친구랑 약속이 있거든.)

　화자 함축을 제대로 이해하지 못하는 번역자라면 이 문장을 사전에서 풀이하는 지시적 의미 그대로 해석하여 "나는 그렇게 생각하지 않아요"로 옮길지도 모른다. 아니면 좀 더 구어체에 가깝게 "그건 아닌 것 같은데요"나 "내 생각은 달라요"로 옮길 번역자도 있을 것이다. 그러나 자질을 갖춘 번역가라면 화자가 의도하는 함축적 의미를 제대로 파악하여 상황에 걸맞게 번역할 것이다. 이와 비슷한 또 다른 예를 들어보자.

　　존: Are you going to Paul's party?
　　　(폴의 파티에 갈거니?)
　　톰: I have to work.
　　　(나 숙제해야 돼.)

　존의 물음에 대하여 톰은 명시적으로 "폴의 파티에 가지 않겠다"고 말하지는 않지만 "숙제를 해야 한다"고 말함으로써 그러한 의미를 함축적으로 표현한다. 이번에는 서로 다른 곳에 사는 두 친구의 대화를 예로 들어보자. 잭은 날씨가 좋고 건조한 콜로라도주 덴버에 살고 있고, 닉은 지금 눈보라를 헤치며 미국 대륙을 횡단하는 대형 트럭 운전기사다.

> 잭: How's the weather over there?
>
> (그쪽 날씨 어때?)
>
> 닉: The weather's lovely.
>
> (끝내주지 뭐야.)

닉의 말을 액면 그대로 받아들였다가는 자칫 오역하기 쉽다. 날씨를 묻는 친구의 물음에 닉은 반어법을 구사하여 대답하기 때문이다. 겉으로는 날씨가 더할 나위 없이 좋다고 말하지만, 실제 기상 상황은 눈보라가 휘몰아치는 그야말로 최악이다.

영어를 비롯한 원천어에는 방금 예로 든 두 경우보다 훨씬 더 복잡한 경우도 많다. 의미론자들이나 화용론자들은 함축이 규범에 따라 '적절하게' 이루어져야 한다고 주장한다. 그러나 실제 언어 상황에서 과연 무엇이 '적절한지' 판단을 내릴 수 없는 경우가 적지 않다. 가령 다음 문장은 어떻게 해석하여 번역해야 할지 여간 헷갈리지 않는다.

> 가: I ate some of the cookies.

나: I ate them all.

다: I did not ate them all.

라: I do not know whether I ate them all.

　문장 '가'는 상황이나 맥락에 따라 '나', '다', '라' 등 서로 다른 세 가지 의미로 해석할 수 있다. '나'는 표현을 억제하거나 삼가서 하는 경우로 쿠키를 모두 먹었으면서도 '몇 개만' 먹었다고 줄여서 말하는 것이다. '다'는 이른바 '양의 함축'을 보여 주는 표현으로 "쿠키를 모두 먹지는 않았다"는 의미다. 한편 '무지의 함축'을 보여 주는 '라'는 "내가 쿠키를 모두 먹었는지 먹지 않았는지 알 수 없다"는 의미다. 이렇게 문장 '가'를 두고 엇갈린 해석을 할 수 있으므로 번역자는 그 문장이 쓰인 맥락과 상황을 잘 파악하여 번역하지 않으면 오역을 범할 가능성이 크다.

　지금까지는 영어가 원천어이고 한국어가 목표어인 경우를 예로 들었지만 이와는 반대인 경우도 마찬가지다. 가령 서울 시내버스 안에서 가끔 일어나는 해프닝을 실례로 들어 보자. 버스가 정류장 가까이 접근하면서 운전기사가 정차하려고 속도를 줄이자 한 승객이 좌석에 일어나 출구 쪽으로 다가간다.

승객 1: 내립시다.

승객 2: 전 안 내릴 건데요.

승객 1이 버스 출구 쪽에 서 있던 승객 2에게 "내립시다"라고 권유형으로 말한 것은 이 정거장에서 함께 내리자는 의미가 아니다. 출구를 가로막고 서 있으니 내릴 수 있도록 비켜 달라는 말이다. 만약 승객 1의 문장을 "Let's get off here"로 번역했다가는 본뜻을 놓치는 것이 된다. "Let me get off, please"로 옮겨야 옳은 번역이다.

안타깝게도 한국인들의 놀라운 독해력에도 문해력의 수준은 그렇게 높지 않다. 최근 경제협력개발기구(OECD)의 '국제 성인 문해력 조사'에 따르면 한국의 실질 문맹률은 무려 75퍼센트에 이르는 것으로 나타났다. 10명 중 7명은 글을 읽고도 무슨 뜻인지 잘 모른다. "낫 놓고 기역 자도 모른다"에서 이 문장을 읽을 줄은 알면서도 막상 이 속담의 뜻을 제대로 파악하지 못하는 셈이다. 모국어에 대한 문해력이 이러할진대 외국어에 대한 문해력은 더할 나위가 없을 것이다.

최근 청소년의 문해력이 눈에 띄게 저하했다는 사실이 일간신문과 텔레비전 같은 대중매체에 심심치 않게 보도되고 있다. 여기에는 여러 이유가 있을 테지만 컴퓨터의 보급과 인터넷의 확산과 스마트폰과 태블릿 PC 같은 디지털 기기의 영향이 무척 크다. 디지털 기기에 길들여진 젊은 세대는 아침에 눈을 뜨고 밤에 잠을 자기 전까지 스마트폰이나 태블릿 PC를 손에서 좀처럼 놓지 못한다. 교통이 번잡한 시내 네거리를 걸으면서 휴대전화를 들여다보는 사람들도 심심치 않게 보게 된다. 몇 해 전 한 여고생이 자살하면서 자기의 시신과 함께 휴대전화를 함께 묻어달라는 유서를 남겨 화제가 된 적도 있다.

사정이 이러하다 보니 인쇄 매체에서 정보나 지식을 얻는 일이 전보다 훨씬 줄어들 수밖에 없다. 책을 읽는다는 것은 단순히 활자 매체에서 수동적으로 정보를 얻고 지식을 습득하는 것 이상으로 큰 의미가 있다. 독서란 단순히 미리 준비된 정답을 찾아가는 과정이 아니라 저자와 함께 떠나는 지적 탐험이요 영혼의 순례다. 그러므로 독서는 능동적이고 창조적 행위라고 하여도 크게 틀리지 않는다. 디지털 기기로써는 손쉽게 정보를 얻을 수는 있지만 심오한 지식이나 지혜는 오직 인쇄 매체인 책을 읽음으로써 얻을 수 있다.

번역가가 문해력을 길러야 하는 또 다른 이유는 번역 연구나 번역학에서 흔히 말하는 '거짓 친구(faux amis)' 또는 '가짜 짝'을 찾아내기 위해서다. 흔히 '거짓 유사어'라고도 일컫는 이 현상은 한 언어의 형태나 소리는 다른 언어와 비슷하게 보이면서도 의미와 어원에서는 이렇다 할 관련이 없는 낱말을 말한다. 이러한 '거짓 친구'는 일상생활뿐 아니라 번역에서도 경계해야 할 대상으로 물속에 잠겨 있는 암초처럼 번역의 배를 좌초시킬 수 있다.

이러한 '거짓 친구'는 언어 계통이 다른 언어보다는 같은 한자 문화권에 속한 언어에서 좀 더 자주 일어난다. 예를 들어 '女中'은 한국에서는 '여자중학교'를 줄인 말로 사용하지만, 일본에서 남의 집에 입주하여 취사와 청소 등의 일을 하는 여성으로 흔히 '가정부'와 같은 의미로 쓰인다. 또한 '八方美人'이라는 말도 한국어에서는 모든 방면에서 뛰어난 사람을 가리키는 좋은 뜻으로 사용한다. 그러나 일본에서는 아무 일에나 손을 뻗치거나 나대는 사람 또는 아무에게나 싹싹하게 대하는 사람을 경멸적으로 이르는 말이다. 또 '生鮮'이라는 말은 한국어에서 글자 그대로 생선이나 물고기를 가리키지만, 일본에서는 '신선한'이라는 뜻으로 널리 쓰인다. '平生'도 한국어에서 사용하는 뜻과 일본에서 사용하는 뜻이 서로 다르다. 한국어에서는 세상에 태어나서 죽을 때까지의 동안, 즉 일생이라는 뜻으로 사용하지만, 일본어에서 '흔히'나 '보통'이라는 부사로 쓰인다.

더구나 '愛人'은 한국어에서는 연인이나 사랑하는 사람을 뜻하지만, 일본과 중국에서는 이와는 다른 의미로 사용한다. 일본어에서 '아이진(愛人)'은 불륜처럼 떳떳지 못한 관계를 맺고 있는 이성, 즉 한국어의 '정부(情夫, 情婦)'를 완곡하게 가리킬 때 쓴다. 일본어에서 한국어의 '애인'에 해당하는 낱말은 '고이비토(戀人)'다. 한편 중국어로 '아이런(愛人)'은 부부 사이에 상대방에 대한 호칭으로 '여보'나 '당신'을 뜻한다. 또 자신이나 상대방 또는 제3자의 남편이나 아내를 가리킬 때도 사용하고, 배우자나 약혼자를 가리킬 때도 사용한다. 그러니까 상황에 따라 '남편', '아내', '부인', '집사람' 등 그 쓰임새가 다양하다. 그런가 하면 중국어에서 '칭푸(情婦)'는 한국어의 애인에 해당할 뿐 불륜의 관계를 가리키지는 않는다.

이와 마찬가지로 '手紙'도 일본에서는 손으로 직접 쓰는 편지를 가리키지만, 중국에서는 화장지를 가리킨다. '工夫'도 한국어에서는 학문이나 기술을 배우고 익힌다는 뜻으로 사용하지만, 일본어에서는 '고안'이나 '궁리'라는 뜻으로 더 많이 쓰인다. 한편 중국어에서 '쿵푸'로 발음하는 '공부'는 한국어나 일본어와는 또 달라서 중국 무술이나 숙달된 기술을 뜻한다. 그러므로 이러한 말을 번역할 때 저마다 다른 의미를 제대로 파악하지 않은 채 자국어의 의미대로 그냥 옮기다가는 자칫 실수를 저지를 가능성이 크다.

'거짓 친구'는 계통이 같거나 비슷한 언어권에서 자주 일어난다. 가령 스페인어 'burro'와 이탈리아어 'burro'

는 '거짓 친구'를 보여 주는 더할 나위 없이 좋은 예로 꼽힌다. 'burro'는 스페인어로는 당나귀를 뜻하지만, 이탈리아어로는 버터를 뜻한다. 영어 'preservative'는 프랑스어 'préservatif', 독일어 'Präservativ', 루마니아어-체코어-크로아티아어 'prezervativ', 스페인어-이탈리어-포르투갈어 'preservativo' 등과 발음이나 형태에서 서로 비슷하다. 두말할 나위 없이 이 낱말들은 하나같이 라틴어 'praeservativum'이라는 부모에서 태어난 형제들이기 때문이다. 그러나 흥미롭게도 영어를 제외한 나머지 외국어에서는 '방부제'가 아닌 피임구 '콘돔'을 뜻하는 말로 주로 사용하고 있어 번역할 때는 주의가 필요하다.

또한 프랑스어 'attendre'를 영어 'attend'로, 역시 프랑스어 'assister'를 영어 'assist'로 받아들이다가는 자칫 실수를 저지르기 십상이다. 영어의 두 낱말은 각각 '참석하다'와 '도와주다'의 뜻으로 주로 사용하지만, 프랑스어에서는 각각 '시중들다'와 '참석하다'라는 뜻으로 사용하기 때문이다. 스페인어 'en absoluto'는 얼핏 보이는 '절대적으로'라는 의미와는 달리 영어로 'not at all'이나 'absolutely not'이라는 뜻으로 쓰인다. 독일어 'sympathisch'는 영어의 'sympathetic'이 아니라 'likable'이라는 뜻이다.

더구나 '거짓 친구'나 '거짓 유사어'는 계통이 전혀 다른 언어 사이에서도 가끔 일어난다. 한국어를 목표어로 삼아 서양 텍스트를 번역할 때도 번역가는 '거짓 친구'나 '거짓 유사어'를 조심해야 한다. 예를 들어 영어 텍스트나 프랑스어 텍스트의 'Madam'이나 'Madame'이라는 말을 그냥 '마담'으로 번역했다가는 자칫 본뜻을 잃고 엉뚱한 뜻이 되고 만다. 'Madam'이나 'Madame'은 서양에서는 여성에 대한 정중한 호칭으로 사용하고, 정중한 호칭으로 사용하지 않을 때는 가정주부나 아내를 일컫는 말로 흔히 사용한다. 그러나 한국에서 이 말은 주요섭(朱耀燮)의 단편소설 「아네모네 마담」의 제목처럼 거의 언제나 옛날 다방이나 고급 술집이나 룸살롱의 여주인이나 업소를 대표하는 여성을 가리킨다. '얼굴마담'이라고 하면 흔히 실속은 없이 겉으로만 어떤 분야나 집단을 대표하는 것처럼 보이는 사람을 가리킨다. '얼굴마담'에 해당하는 남성은 '바지사장'이다.

이와 마찬가지로 남성을 부르는 호칭 'Mr.'도 '씨'로 번역하거나 '미스터'로 그냥 사용하다가는 자칫 혼란을 불러일으키기 쉽다. 'Mr.'는 영국에서는 작위 없는 사람을 높여 부르는 호칭이고, 미국에서는 나이 많은 연장자부터 대통령에 이르기까지 남성을 높여 부르는 호칭이다. 그러나 한국어에서는 '씨'나 '미스터'는 영국이나 미국보다 격이 낮아 아랫사람이나 자가용 운전기사를 부를 때 흔히 사용한다. 이렇듯 서양어에서 말하는 '마담'과 '미스터'는 한국어에서 말하는 '마담'과 '씨'와는 의미장(意味場)이나 의미역(意味域)에서 사뭇 다르다.

'거짓 친구' 현상은 심지어 한 언어권에서도 일어난다. 분단 상황 때문에 남북한의 말이 뜻이 달라진 경우가 적지 않다. 방금 앞에서 예로 든 '공부'만 하여도 그렇다. 남한에서와는 달리 북한에서 '공부'라는 말은 주로 품팔이로 살아가는 사람을 뜻한다. 가령 '동무'는 친한 친구를 일컫는 토착어지만, 북한에서는 사회주의 혁명에 동참하는 동지를 뜻한다. '궁전(宮殿)'도 남한에서는 군주가 사는 집을 뜻하지만, 북한에서는 '인민 궁전'처럼 어린이나 근로자의 복지를 위한 대규모의 건물을 뜻한다.

'거짓 친구'는 비단 낱말뿐 아니라 절이나 구 또는 문장 단위에서도 일어난다. 예를 들어 "일없습니다"라는 표현은 남한에서는 글자 그대로 특별한 일이 없다는 뜻으로 흔히 쓰이지만, 북한에서는 "괜찮다" 또는 "별일 없으니 신경 쓰지 않아도 된다"는 뜻으로 사용한다. 이 표현은 『월인석보(月印釋譜)』에 "靜은 괴외ᄒᆞ야 일 업슬씨라('정'은 고요하여 일이 없는(무사한) 것이다"라는 문장이 나올 만큼 꽤 오래전부터 쓰였지만 분단 이후 이렇게 그 의미가 크게 달라졌다. 이왕 북한말 이야기가 나왔으니 말이지만 남한에서 말하는

'오징어'를 북한에서는 '낙지'라고 부르고, 이와는 반대로 남한에서 말하는 '낙지'는 북한에서는 '오징어'라고 부른다.

원천 문화에 대한 문해력

뛰어난 번역가라면 원천어에 대한 문해력뿐 아니라 이보다 한발 더 나아가 원천 문화(source culture)를 해독할 수 있는 '문화적 문해력'도 갖추어야 한다. 문화를 한마디로 정의 내리기란 쉽지 않지만 "지식, 신앙, 예술, 도덕, 법률, 관습 등 인간이 사회의 구성원으로서 획득한 능력 또는 습관의 총체"로 파악한 영국의 인류학자 에드워드 테일러의 정의는 여전히 유용하다.

이러한 문화를 고스란히 반영하는 것이 곧 언어다. 언어는 그것을 사용하는 사람들의 역사와 생활을 반영한다는 점에서 '문화의 지표'라고 할 수 있다. 한 민족에게는 그 민족 나름의 독특한 사상, 감정, 사고방식 등이 있고, 그것들은 고스란히 그 문화권의 언어에 반영된다. 이러한 언어 결정론은 독일의 언어학자 카를 빌헬름 폰 훔볼트에게서 쉽게 찾아볼 수 있다. 그는 한 언어의 낱말은 다른 언어의 낱말과는 동등한 의미를 지니지 않는다고 주장하였다. 다시 말해서

언어 결정론을 바탕으로 번역 불가론을 주장한 독일의 언어학자 카를 빌헬름 폰 훔볼트.

홈볼트는 엄밀한 의미에서 한 언어와 다른 언어 사이에는 오직 유의어나 유사어의 관계가 있을 뿐 결코 동의어의 관계는 있을 수 없다고 잘라 말하였다. 그가 번역 불가론을 부르짖은 것은 바로 그 때문이다.

에드워드 서피어와 벤저민 워프는 훔볼트의 언어 결정론을 한발 더 밀고 나가 사실과 증거를 바탕으로 '언어 상대성 가설'을 제기하였다. 흔히 '서피어-워프 가설'로 일컫는 이론에 따르면 특정한 언어의 사용자들은 오직 모국어라는 렌즈를 통해서만 세계를 바라본다. 다시 말해서 언어가 그 언어를 사용하는 사람들의 사고방식과 문화, 심지어 세계관까지 결정한다는 것이다.

언어 상대론자들이 자주 언급하는 예가 어떻게 무지개 색을 인식하느냐 하는 것이다. 문화권마다 무지개 색을 구별하는 방법이 저마다 다르다. 무지개가 일곱 가지 색이라고 알려지게 된 것은 아이작 뉴턴이 스펙트럼 실험으로 찾아낸 연속 스펙트럼의 색을 토대로 7음계에 따라 색을 나누었다는 것이 정설이다. 영미 문화권에서는 여섯 가지, 멕시코 원주민인 마야족은 다섯 가지 색으로 보았다. 오래전부터 북아메리카 대륙에 살았던 원주민 인디언들은 셋 또는 넷으로 간주하기도 하였다. 심지어 두세 가지 색으로 보는 민족도 있다. 한국을 비롯한 동양 문화권에서는 '오색 무지개'라고 하여 다섯 가지로 생각하였다. 물론 여기서 말하는 '오색'은 다섯 가지 색깔이 아니라 우주에 존재하는 모든 색을 가리키는 제유적(提喩的) 표현이다. 중국에서도 오행설에 따라 '오색'이나 '오음'의 개념을 사용해 왔다. 수많은 색의 아름다움을 표현할 때 흔히 '오색찬란하다'고 말하듯이 '오색 무지개'도 무한한 색을 가리킨다는 것이다. 오늘날 과학자들은 무지개의 색깔을 무려 207가지 색으로 구분한다.

이렇게 민족에 따라 문화가 서로 다르고 언어가 문화를 반영하다 보니 한 언어에 있는 낱말이 다른 언어에는 없을 수도 있다. 이러한 현상을 두고 번역 연구나 번역학에서는 '공백 어휘(空白語彙)' 또는 '낱말의 빈자리'라고 부른다. 예를 들어 "눈치가 빠르면 절에 가도 젓갈을 얻어먹는다"는 속담에서 '눈치'라는 한국어는 아무리 눈을 씻고 찾아보아도 다른 언어에서는 좀처럼 찾아볼 수 없다. 그만큼 한국 문화에서 눈치가 차지하는 몫은 아주 독특하다. 이 말에는 영어 '센스(sense)'라는 말로써는 담아낼 수 없는 묘한 뉘앙스와

향기와 색깔을 지니고 있다. 일본어 '기가키쿠(きがが利く)'
나 '기즈쿠(氣づく)'도, 중국어 '옌써(眼色)'나 '선써(神色)'도
한국어 '눈치'를 표현하기에는 역부족이다. 그래서 한 한국
계 미국인 저널리스트는 《로스앤젤레스 타임스》에 기고한
칼럼에 아예 'nunchi'라는 말을 그대로 사용하였다.

　일본어에도 일본 문화권에서만 찾아볼 수 있는 독특한
낱말이 있다. 가령 '바쿠샨(バックシャン)'은 뒤에서 보면 예
쁘지만 막상 앞에서 보면 못생긴 여성을 뜻한다. 지금은 별
로 사용하지 않지만 '잇코쿠로쿠토(一石六斗)'와 같은 의미
다. 판소리 『춘향가』에서 이몽룡은 성춘향을 처음 만나 정에
겨워 「사랑가」를 부르면서 "저리 가거라 뒤태를 보자, 이리
오너라 앞태를 보자"라고 노래한다. 일본인들에게 이몽룡의
말은 춘향이 '바쿠샨'이 아닌지 확인하려는 것처럼 보일지
모른다.

　이 점에서는 영어를 비롯한 서양어도 마찬가지다. 영어
'silly'는 영한사전에 별표가 두 개 붙어 있을 정도로 기본 단
어로 분류한다. 그러면서 "어리석은, 주책없는, 지각없는,
(언행이) 바보 같은, 시시한" 등으로 풀이한다. 그러나 이러
한 뜻으로써는 'silly'의 의미를 충분히 담아낼 수 없다. 단순
히 어리석거나 바보 같다는 의미 외에 경박하고 장난기 있
는 데다 웃긴다는 의미가 들어 있기 때문이다. 불과 500여

년 전만 해도 『옥스퍼드 영어사전』에는 "즐거운, 행복한, 운수 좋은, 축복받은" 등으로 풀이되어 있었다. 'cheese'의 형용사형 'cheesy'도 이와 크게 다르지 않아서 "치즈와 같은, 치즈 질(質)의, 치즈 맛이 나는" 등의 의미로 번역해서는 원천어의 감칠맛 나는 의미를 충분히 전달하지 못한다. "저질의, 값싼, 거짓의, 위선적인" 의미 외에 한국어 속어로 '느끼한'의 의미도 함축되어 있다.

스페인어 'sobremesa'는 어떤 물건을 맨 처음 사용하거나 어떤 옷을 처음 입는 것을 일컫는 말이다. 한국어를 비롯한 다른 언어에서는 한 마디 낱말로 존재하지 않는다. 'friolero'란 유난히 추위에 민감한 사람을 일컫는 말로, 이 또한 다른 언어에서는 찾아보기 힘들다. 독일어 'geborgenheit'와 'sturmfrei'도 다른 언어로써는 그 의미를 충분히 전달할 수 없는 독특한 낱말이다. 전자는 직역하면 '안전'이나 '안심' 정도가 될 테지만 그보다 훨씬 넓은 의미장을 차지한다. 안전하면서 편안하고 포근하여 만족스러운 심리 상태를 가리킨다. 영어로 흔히 'storm free'로 번역하는 후자는 주말에 부모나 동숙자가 며칠 자리를 비워 혼자서 집을 독차지할 때 느끼는 더할 나위 없이 행복한 기분을 표현하는 말이다. 소파에 느긋하게 비스듬히 누워 텔레비전을 보거나 샤워를 하면서 혼자서 콧노래를 부르거나, 아니면 속옷 바람으로 자유롭게 집안을 돌아다닐 때 느끼는 기분이다. 이러한 느긋한 기분을 한국어를 비롯한 다른 언어로는 좀처럼 옮길 길이 없다.

번역가는 이렇게 원천어에는 있지만 목표어에는 없는 낱말을 번역할 때는 각별히 주의를 기울여야 한다. 공백 어휘를 메우는 가장 손쉬운 방법은 원천어에서 사용하는 낱말을 그냥 빌려와서 사용하는 것이다. 번역 연구나 번역학에서는 이를 '차용어(emprunt)'라고 부른다. 가령 영어 'computer'는 한국에서는 '컴퓨터', 일본에서는 '콤퓨타(コンピューター)로 사용하고, 'mouse'는 한국처럼 '마우스(マウス)'로 사용하는 방법이다.

공백 어휘를 극복하는 두 번째 방법은 원천어의 낱말의 의미를 살려 옮기는 것이다. 가령 중국에서는 차용어를 사용하는 대신 'computer'를 '디엔나오(電腦)'로, 'mouse'를 '수뱌오(鼠標)' 또는 '화수(滑鼠)'로 번역하여 사용한다. 이러한 번역 방식을 '차용어'와 구별 짓기 위하여 '모방어(calque)'라고 부른다.

프랑스의 시인이요 번역가인 발레리 라르보는 번역이란 한마디로 "말의 무게를 다는 것"이라고 잘라 말한 적이 있다. 천칭의 한쪽 접시에 저자의 말을 얹어놓고 다른 한쪽 접시에는 번역한 말을 올려놓는다. 그리고 이 둘이 균형을 이

룰 때까지 작업을 계속해 나간다. 물론 라르보는 저울의 접시에 올리는 말이 사전에서 정의하는 지시어가 아닌 원천어 사용자의 영혼이 스며들어 있는 함축어라고 유보를 둔다.

그러나 여기서 라르보가 말하는 저울의 비유는 그렇게 적절하지 않다. 원천어를 올려놓은 접시와 목표어를 올려놓은 접시는 반드시 어느 한쪽으로 기울어지게 마련이며, 이러한 상황에서 라르보가 말하는 '등가의 무게'를 얻기란 실제로 불가능하기 때문이다. 번역에서 '등가의 무게'를 주장한다는 것은 언어의 속성에서 보면 마치 무지개를 붙잡으려고 하는 것처럼 한낱 부질없는 환상에 지나지 않는다. 번역이란 원천어의 번역 못지않게 원천 문화의 번역이기 때문이다.

목표어에 대한 문해력

유능한 번역가라면 원천어와 원천 문화에 대한 이해뿐 아니라 목표어에 대해서도 잘 알고 있어야 한다. 번역가는 자국어나 모국어에 대하여 잘 알고 있는 것으로 흔히 생각하지만 의외로 모르는 경우가 많다. 모국어를 생득적으로 습득하는 것으로 생각하고 의식적으로 학습을 통하여 갈고 닦지 않았기 때문이다.

가령 한국어를 모국어로 삼는 사람 중에서 주격조사 '이/가'와 '은/는'의 차이를 제대로 알고 있는 사람은 그다지 많지 않은 듯하다. 모국어에 웬만큼 애정을 가지고 관심을 기울이는 한국인이 아니라면 그 미묘한 차이를 알아차리기 쉽지 않다.

(1) 내가 가을을 가장 좋아한다.
(2) 나는 가장 좋아하는 계절이 가을이다.

얼핏 보면 이 두 문장은 아무런 문제가 없는 것처럼 보일지 모른다. 그러나 좀 더 찬찬히 뜯어보면 한국어 어법에 잘 들어맞지 않아 어딘지 모르게 이상하게 느껴진다. 한국어를 제대로 구사하는 사람이라면 아마 다음과 같이 사용할 것이다.

(1-1) 나는 가을을 제일 좋아한다.
(2-1) 내가 제일 좋아하는 계절은 가을이다.

항목 (1)과 (2)는 문법적으로는 틀리지 않지만 의미에서는 미묘한 차이가 있다. '이/가'는 주격조사고, '은/는'은 보조사다. 전자는 아무런 추가적인 의미가 없이 주어의 격만 나타내는 반면, 후자는 체언·부사·활용 어미 등에 붙어서 어떤 특별한 의미를 더해 주는 역할을 한다. 즉 '이/가'는 주어에만 붙을 수 있고, '은/는'은 주어뿐 아니라 목적어·보어·부사어에도 붙어서 의미를 강조하거나 '오직'이라는 의미를 덧붙여 준다.

좀 더 구체적으로 말해서 주격조사 '이/가'는 ① 체언 뒤에 붙어서 그 체언에 주어의 자격을 주고, ② 주어 부분이 관심의 초점이 되도록 하며, ③ 새로운 화제나 정보를 나타내고, ④ 체언이 서술어와 호응하게 하는 구실을 한다. 가령 "달이 밝다", "이 방이 깨끗은 하지만 너무 좁다", "비가 많이는 오지 않았다", "철수가 떠나는 갔지만 연락처를 남겼다" 같은 문장은 이러한 경우를 보여 주는 예다.

한편 보조사 '은/는'은 ① 관심의 초점이 술어에 있거나, ② 어떤 대상이 다른 것과 대조되는 것을 나타내며, ③ 앞에서 제시한 정보가 반복되어 나타나고, ④ 강조의 뜻을 나타내며, ⑤ 다른 대상과 서로 비교하면서 배제할 때 주로 사용한다. 가령 "인생은 짧고 예술은 길다", "다른 사람은 몰라도 너만은 꼭 와야 한다", "노래를 잘은 못 하지만 보통은 한다" 등은 이러한 경우를 보여 주는 좋은 예다.

그런가 하면 '이/가'는 주로 객관적 서술이나 묘사문에서 주로 사용하고, '은/는'은 주관적 서술이나 설명문에서 주로 사용한다. 국가 유공자나 저명인사가 사망했을 때 일간신문에서 흔히 볼 수 있는 사진 설명에서 한 예를 들어보자.

(1) 대통령이 고인의 빈소를 찾아 헌화하고 있다.

(2) 대통령은 고인의 빈소를 찾아 헌화하고 있다.

항목 (1)은 자연스럽지만 항목 (2)는 어딘지 모르게 어색해 보인다. 그도 그럴 것이 항목 (1)은 대통령이 고인의 빈소를 찾아가 헌화하는 모습을 보여 주는 객관적 서술문이거나 묘사문이기 때문이다. 더구나 이 문장에서는 주어(대통령)에 관심의 초점이 모아진다. 그렇다면 위 두 문장을 과거형으로 바꾸어 놓으면 어떻게 될까?

(1-1) 대통령이 고인의 빈소를 찾아 헌화했다.

(2-1) 대통령은 고인의 빈소를 찾아 헌화했다.

이번에는 항목 (1-1)이 어색하고 항목 (2-1)이 오히려 자연스럽다. 시제가 과거형으로 되면서 항목 (1)의 객관적 서술이나 묘사문이 주관적 서술이나 설명문이 바뀌었기 때문이다. 주어(대통령)에 있던 관심의 초점이 술어(헌화했다)로 모아진다는 점에서도 항목 (2-1)이 좀 더 한국어 어법에 적절하다.

문해력과 관련하여 중요한 것이 어휘력이다. 유능한 번역가라면 원천어는 말할 것도 없고 목표어의 낱말을 되도록 많이 알고 있어야 한다. 최근 선택의 가짓수가 늘어날수록 선택하기가 어려워진다는 심리학의 연구 보고가 있어 관심을 끌었다. 미국의 두 심리학자는 식료품점의 시식 코너에 24종류의 잼과 6종류의 잼을 진열해 놓고 소비자들의 구매 패턴을 확인하는 실험을 하였다. 그랬더니 6종류의 잼을 진열했을 때 시식한 사람들의 30퍼센트가 잼을 구매한 반면, 24종류의 잼을 진열한 경우에는 잼을 산 사람이 겨우 3퍼센트에 지나지 않았다.

이러한 선택 장애 현상은 상품 구매에는 적용될지 몰라도 번역에는 해당되지 않는다. 오히려 번역가에게는 목표어의 낱말 선택지가 많으면 많을수록 훨씬 더 유리하다. 다행하게도 한국어는 낱말 수에서 세계에서 단연 첫 손가락에 꼽힌다. 줄잡아 110만 낱말이나 되어 2위인 터키어보다 무려 50만여 개나 더 많다. 가령 한국어에는 '노랗다'라는 느낌을 표현할 수 있는 낱말이 무척 다양하여 한국문학 작품을 외국어로 옮기는 번역가는 무척 애를 먹는다. 가령 '노랗다', '누렇다', '뇌랗다', '샛노랗다', '싯누렇다', '감노랗다', '연노랗다', '누르다', '누르스름하다', '누릇하다', '누름하다', '노르께하다', '노르칙칙하다', '노리끼리하다', '노르끄무레하다', '노르끼레하다' 등 그야말로 머리가 어지러울 정도다.

물론 노란색을 나타내는 영어 낱말이 'yellow'나 'yellowish' 두 가지밖에 없다고 생각하는 것은 좁은 소견이다. 실제로 영어 낱말도 한국어 낱말 못지않게, 아니 어떤 의미에서 한국어보다 더 다양하다. 그중 몇 가지만 예를 들어 보면 'amber(황갈색의, 호박색의)'를 비롯하여 'bisque(분홍빛이 도는 황갈색의)', 'blond(금발색의)', 'buff(담황색의)' 등이 있다. 이 밖에도 'cream(유황색의, 우유빛 황색의)', 'gold(황금색의)', 'ivory(상아빛 황색의)', 'lemon(레몬빛 담황색의)', 'maize(옥수숫빛의, 담황색의)', 'orange(오렌지색의)' 등 구체적인 물건에 빗대어 표현하는 낱말들도 아주 많다.

이번에는 한국어를 원천어로 영어를 비롯한 외국어를 목표어로 번역하는 경우를 가정해 보자. 명암에 따라 푸른색을 '골루보이(밝은 파란색)'와 '시니(짙은 파란색)'로 구분 짓는 러시아어와는 달리, 한국어는 이와는 반대로 '푸른색'과 '초록색'을 좀처럼 구별 짓지 않는다. 설정식(薛貞植)은 「붉은 아가웨 열매를」이라는 작품에서 이렇게 노래한다.

푸른 하늘보다

더 푸른 잎새보다

더 푸른 청춘을

어찌하여

모란모란 모란도 아닌 것을

모란보다 더 붉은 피로만 적셔야 하며

푸른 풀

푸른 드을이여

몸부림쳐 문질러

뜨거운 것을 조직하라

남조선에 푸른 것이여

네 어찌 다만 미래같이 푸르고만 있으랴.

겨우 6행밖에 되지 않는데 설정식은 '푸른'이라는 형용사를 일곱 번이나 사용한다. 첫 연의 1행의 "푸른 하늘보다"에서 '푸른'은 청색으로 영어 'blue'로 옮길 수 있다. 그러나 2행의 "더 푸른 잎새보다"에서 '푸른'은 녹색으로 영어 'green'으로 옮겨야 한다. 3행의 "더 푸른 청춘"은 '새신랑'이나 '역전앞'처럼 동일한 의미를 되풀이하는 반복법이다. 어찌 되었든 '푸른'은 1행의 '푸른'과 같은 뜻이다.

둘째 연에서 "푸른 풀 / 푸른 드을이여"에서 '푸른'은 둘 모두 녹색의 의미다. 영어 "green grass / green field"를 생각하면 쉽게 이해가 된다. 그러나 5행의 '푸른 것'과 6행의 '푸르고만'은 청색으로 받아들여야 할지 녹색으로 받아들여야 할지 망설여진다. '남조선'이라는 말이 조금 낯설게 느껴질지 모르지만 이 작품은 설정식이 해방을 맞이하고 1년이 갓 지난 무렵에 쓴 것이다. 전후 맥락으로 미루어보면 5~6행의 '푸른'은 아무래도 녹색의 의미로 받아들여야 할 것 같다. 한국어 낱말의 미묘한 차이를 이해하지 못하는 번역가라면 위 시를 제대로 번역할 수 없을 것이다.

번역가는 목표어의 '낱말 풀'을 넓게 확보하는 것이 아주 중요하다. 하늘을 높이 나는 갈매기가 멀리 볼 수 있듯이 어휘력이 높은 번역가가 좋은 번역을 할 수 있다. 여기서 '낱말 풀'이라는 말을 사용했지만, 어휘력은 단순히 낱말을 얼마나 많이 알고 있느냐 하는 문제에 그치지 않는다. 물론 되도록 많은 낱말을 아는 것이 중요하지만 양 못지않게 중요한 것이 질이다.

번역가의 어휘 구사력을 도형에 빗대어 말한다면 넓고 깊어야 한다. 여기서 어휘의 넓이란 낱말의 양을 말하고, 어휘의 깊이란 낱말의 질과 수준을 말한다. 모국어의 낱말과 관련하여 번역가는 ① 되도록 낱말을 많이 알고 있어야 하고, ② 낱말의 지시어와 함축어를 정확히 이해해야 하며, ③

이미 알고 있는 낱말을 적절히 활용할 수 있어야 하고, ④ 동의어와 반대어와 유의어 등을 알고 있어야 하며, ⑤ 가능하면 낱말의 어원, 고어, 외래어 등도 함께 알고 있어야 하고, ⑥ 한자어를 잘 알고 있어야 한다.

특히 항목 ⑥은 그냥 지나치기 쉽지만 번역가에게 아주 중요하다. 2019년의 통계 기준에 따르면 16만 4,125개 한국어 중에서 순수한 토박이말은 7만 4,612개로 45.5퍼센트, 한자어는 8만 5,527개로 52.1퍼센트, 외래어는 3,986개로 2.4퍼센트를 차지한다. 한국어 전체 낱말 중에서 무려 52.1퍼센트, 표준어 중에서 57.9퍼센트가 한자어다. 또 다른 통계 자료에 따르면 한자어의 비중은 이보다 훨씬 커서 무려 70퍼센트에 이른다. 그것은 영어에서 고대 그리스어와 라틴어에서 유래한 낱말과 앵글로색슨 계통의 토착어의 비중과 비슷한 수치다.

더구나 유능한 번역가라면 순수한 토박이말을 사용할 곳과 한자어를 사용할 곳을 적절하게 선택해야 한다. 흙냄새가 물씬 풍기는 토착어는 구체적이고 감각적인 반면, 한자어는 추상적이고 관념적이다. 조지 오웰은 공산주의와 독재 정치의 모순을 신랄하게 풍자한 『동물농장』(1945)에서 되도록 고대 그리스어와 라틴어에 파생한 낱말을 피하는 대신 앵글로색슨 계통의 토착어를 구사하려고 노력하였다. 토착어는 인간이 아닌 동물을 작중인물로 삼는 풍자적 우화 작

『동물농장』을 쓰면서 앵글로색슨 토착어를 구사하려고 노력한 조지 오웰.

품에 썩 잘 어울리기 때문이다.

그런데 낱말의 넓이를 키우고 깊이를 더하는 방법 중 하나는 두말할 나위 없이 폭넓게 독서를 하는 것이다. 폭넓은 독서만큼 다양한 낱말을 익힐 수 있는 방법은 없다. 다양한 작가가 쓴 다양한 책을 읽으면서 자연스럽게 낱말을 익히는 것이 좋다. 작가마다 자주 사용하는 낱말이 조금씩 다르기 때문이다. 또한 문학 작품에만 경도되지 말고 문학이 아닌 다른 책들도 함께 읽을 필요가 있다.

그런가 하면 현대 작품은 말할 것도 없고 고전 작품도 읽어야 한다. 원천 텍스트에서 사용한 예스러운 낱말이나 표현을 살려 번역하려면 목표어에서 고어를 사용할 수도 있기 때문이다. 또한 현대어 중에서 마땅한 낱말을 찾을 수 없을 때는 고어나 폐어, 사어 등을 발굴하여 사용하거나 그것에 새로운 의미를 부여하여 사용할 수도 있다.

외국의 문학 작품을 번역하는 이유 중 하나는 사어나 폐어처럼 일상어로서는 '죽은' 낱말을 찾아냄으로써 모국어의 어휘를 풍부하게 하는 데 있다. 말하자면 번역은 땅속 깊이 매장되어 있는 모국어 어휘라는 광석을 찾아내는 작업과 같다. 그 원석을 갈고 닦아 빛이 나게 만드는 것이 바로 번역가의 몫이다. 적어도 이 점에서 번역가는 언어학자와 비슷하거나 같은 수준의 언어 감각이나 언어 능력을 지녀야 한다. 또 어휘 생성이나 어휘 발굴에 관한 한 번역가와 언어학자는 같은 역할을 한다고 볼 수 있다.

이러한 현상은 메이지(明治) 유신 시대 일본의 근대 문명론자들이 서구 문물을 받아들이면서 서구 근대 문명의 번역어를 만들어낸 사실을 보아도 잘 알 수 있다. 가령 당시 일본의 교육자 주만 가나에(中馬庚)는 일본에 없던 경기 'baseball'을 들판에서 벌이는 전쟁에 빗대어 '야큐(野球)'라는 낱말을 만들어내었다. 'shortstop'은 전열(戰列)에서 대기하면서 움직이는 병사라는 뜻으로 '유게키슈(遊擊手)'라고 불렀다.

또한 후쿠자와 유키치(福澤諭吉) 같은 개화론자들은 중국 고전에서 이미 사용한 한자를 찾아내어 먼지를 털어내고 녹을 닦아 서구 문명의 개념에 걸맞은 번역어로 새롭게 사용하기도 하였다. 예를 들어 우리가 하루에도 몇 번씩 입에 올리는 '자유'니 '사회'니 '경제'니 '연설'이니 하는 용어는 다름 아닌 후쿠자와가 만들어낸 것들이다. 메이지 시대 이후 일본 번역가들이 서양문물을 받아들이려고 새로운 서양의 어휘에 대응하여 만들어낸 한자를 '와세이칸고(和製漢語)' 또는 '신칸고(新漢語)'라고 부른다. 식민지 조선은 일본 근대 문명론자들이 만들어낸 일제 한자어를 이렇다 할 논의나 고민도 없이 그대로 수입하여 사용하였고, 중국도 그중 상당 부분을 다시 역수입하여 사용하다시피 하였다.

한마디로 번역가는 목표어를 정확하게 구사하는 훈련을 쌓아야 한다. 모국어라고 얕잡아 보았다가는 자칫 졸역을 하거나 심하면 오역을 범할 수도 있다. 미국의 소설가 마크 트웨인은 "적절한 낱말과 거의 적절한 낱말의 차이는 실제로 아주 중요하다. 그것은 '번개(lightning)'와 '반딧불이(lightning bug)'의 차이와 같다"고 말한 적이 있다. 한국어로 옮기는 과정에서 말장난의 묘미를 잃고 말았지만 트웨인은 이 두 낱말이 얼핏 서로 비슷해 보이지만 의미에서는 엄청난 차이가 있다는 사실을 지적하려고 하였다. 한국어 속담에 "아 다르고 어 다르다"는 말이 있다. 같은 내용이라도 표현하는 방식에 따라 듣는 이가 받아들이는 기분이 다르다는 말이다. 굳이 사자성어로 표현하자면 '어이아이(於異阿異)'라고 한다. 그런데 이 속담은 번역에서처럼 그렇게 피부에 와 닿는 경우가 없다.

속담과 전문 용어의 이해

유능한 번역가라면 원천어의 속담과 전문 용어에 대해서도 잘 알고 있어야 한다. 넓은 의미에서 관용적 표현의 하나라고 할 속담은 예로부터 한 민족이나 사회에서 민중 사이에서 널리 전해오면서 어구로 굳어진 말이다. 글자 그대로 민중의 삶 속에 녹아 있는 삶의 지혜라고 할 수 있다. 한편 전문 용어는 학술 용어나 기술 용어와 같이 전문가 집단 사이에서 사용하는 용어다. 언어의 스펙트럼에서 보면 속담과 전문 용어는 가장 멀리 떨어져 있다.

언어가 문화를 반영하는 거울이라면 속담은 문화가 고여 만들어낸 연못이라고 할 수 있다. 민중의 지혜가 자연스럽게 녹아서 언어의 밑바닥에 가라앉은 것이 곧 속담이다. 그래서 원천 문화에서 사용하는 어떤 속담은 목표 문화(target culture)에는 아예 없거나 설령 있어도 좀처럼 이해하기 어려운 경우가 더러 있다.

물론 원천어의 속담 중에는 목표어의 속담과 비슷하거나 동일한 경우도 없지 않다. 가령 영어 속담 "Kill two birds with one stone"은 '일석이조(一石二鳥)'라는 동양권의 속담에 그대로 들어맞는다. 중국에서는 일찍이 '일거양득'(一擧兩得)'이나 '일전쌍조'(一箭雙雕)' 같은 성구가 널리 쓰였다.

'일석이조'는 일본인이 영어 속담을 사자성어로 만들었다는 주장도 있다. 굳이 예로부터 전해오는 한국 속담으로 번역하려면 "도랑 치고 가재 잡고"나 "꿩 먹고 알 먹고"로 옮겨도 좋을 것이다.

서로 다른 문화권에서 비슷하거나 동일한 속담을 찾아보기란 여간 힘들지 않다. 번역가는 속담을 번역하면서 문화적으로 괴리가 있는 것은 '자국화(自國化) 전략'을 시도하여 옮겨야 한다. 예를 들어 영어 속담 "Don't cast your pearls before swine"을 한국어로 번역할 때는 "돼지 앞에 진주를 던지지 마라"로 옮겨서는 제맛이 나지 않는다. 이 속담은 예수 그리스도가 '산상수훈'에서 "거룩한 것을 개에게 주지 말고, 너희의 진주를 돼지 앞에 던지지 말아라"(「마태복음」 7장 6절)라고 한 말에서 유래하였다. 물론 기독교를 믿지 않는 사람이라도 대충 그 뜻을 헤아릴 수는 있을 것이다.

그러나 역시 한국어로 감칠맛 나게 옮긴다면 역시 "개 발에 편자"가 제격이다. 말발굽을 보호하려고 발굽바닥에 붙인 U자형 쇠붙이는 개에게는 아무런 쓸모가 없다는 뜻에서 생겨난 속담이다. 이 속담은 말과 개를 기르는 농경 사회의 산물이다. 마찬가지로 "개 발에 편자"를 영어로 옮길 때도 "Horseshoes on dog's paws"로 옮긴다면 목표 문화의 독자들은 적잖이 당황할 것이다. 이와 비슷한 의미로 일본에

는 "고양이에게 금화(猫に小判)"라는 속담이 있다.

속담이나 격언과 관련하여 몇 가지 예를 더 들어보기로 하자. 영어 속담 "It is no use crying over spilled milk"는 우유를 마시지 않던 한민족에게 쏟아진 우유를 보고 우는 행위는 무척 낯설게 느껴질 것이다. 한국인에게는 "이미 엎질러진 물"이라고 해야 금방 피부에 와 닿는다. 또한 영어 속담 "Speak of the devil, and he doth appear" 또는 그것을 줄여서 말하는 "Speak of the devil"도 좋은 예다. 예로부터 영국에서 악마에 대해 이야기하면 실제로 나타난다는 미신에서 비롯한 속담이다. 한국어로 번역할 때는 "악마에 대하여 말하라, 그러면 악마가 나타날 것이다"라고 옮기는 쪽보다는 "호랑이도 제 말하면 온다더니!"로 옮기는 쪽이 훨씬 더 자연스럽다. "Too many cooks will spoil the broth"은 "사공이 많으면 배가 산으로 간다"로, "Every dog has its day"는 "쥐구멍에도 볕들 날 있다"로 번역하는 것이 좋다.

속담과 격언처럼 전문 용어는 일상생활에서도 자주 쓰인다. 특히 고소와 고발, 피의자와 피고인, 구치소와 교도소와 같은 수사나 재판과 관련한 용어가 그러하다. '고소'와 '고발'이라는 말을 자주 사용하면서 막상 두 용어의 정확한 차이를 알고 있는 사람은 그다지 많지 않은 것 같다. '고소'는 범죄 피해 당사자가 경찰이나 검찰 같은 수사기관에 처

벌해 달라고 요구하는 것이고, '고발'은 당사자가 아닌 제3
자가 수사기관에 범죄 사실을 신고하여 처벌을 요구하는 것
이다. 고소를 할 수 있는 권리를 가진 고소권자는 피해자, 피
해자의 법정대리인, 피해자의 배우자 및 친족 등이 있다. 그
러므로 고소권이 없는 사람이 한 고소는 고소의 효력이 없
다. 특히 고소는 특정 형사소송 사건에 대하여 수사기관에
수사를 촉구하는 것을 말한다.

한편 '피의자'는 범죄 혐의가 의심되는 사람, 즉 유력한
용의자다. 경찰이나 검찰이 어떤 사건에 대해 조사를 위하
여 피의자가 아닌 제3자의 출석을 요구할 수 있다. 사건이
일어나면 경찰이나 검찰이 조사를 위하여 피의자가 아닌 증
인이나 주변인물 같은 제3자를 조사한다. 이를 '참고인'이라
고 부르고, 그는 조사받는 중에 범죄 혐의가 있으면 피의자
로 신분이 전환된다. 검찰이 수사한 뒤 검찰이 공소를 제기
하면, 즉 형사 재판을 청구하면 피의자는 '피고인'으로 변경
이 된다. 그러므로 '피고인'이란 현재 유력한 용의자로 형사
재판을 받고 있는 사람을 말한다. 피의자이지만 구속이 될
수도 있는 반면, 피고인이지만 불구속 상태로 재판을 받을
수도 있다.

그런가 하면 '구치소'는 현재 수사나 재판이 진행 중으
로 아직 법원에서 유죄 판결이 확정되지 않은 사람들이 간

혀 있는 곳이다. 검찰은 수사 중인 피의자가 도주 또는 증거 인멸의 우려가 있을 경우 법원에 구속 영장을 청구한다. 법원이 검찰의 영장 청구를 받아들이면 피의자는 구속되어 구치소에 들어가게 된다. '교도소'는 재판에서 유죄 판결을 받아 형이 확정된 사람들이 가는 곳이다. 항소하여 대법원까지 간다면 확정판결 전까지 구치소에 머물게 될 수도 있다. 다만 지역에 따라 구치소가 없거나 자리가 없어서 교도소에 수감될 수도 있다.

그러나 너새니얼 호손의 『주홍 글자』(1850)처럼 비교적 오래된 작품을 번역할 때 'prison'은 '감옥'으로 번역하는 것이 훨씬 더 자연스럽다. 컴퓨터로 문서 작업하면서 '감옥'을 치면 아마 '교도소'로 고치라는 메시지가 뜨는 것을 경험한 독자가 많을 것이다. 그래도 여주인공 헤스터 프린이 딤스데일 목사와 간통하여 사생아를 낳았다 하여 갇히는 곳은 '교도소'보다는 '감옥'이 제격이다. 『춘향전』에서 춘향이 변학도의 수청을 들지 않아 갇혀 있는 곳을 '교도소'라고 하면 어딘지 어울리지 않는 것과 같은 이치다.

탁월한 번역가라면 이러한 일상생활에서 사용하는 전문용어뿐 아니라 특정 분야의 전문 용어에 대해서도 게을리해서는 안 된다. 학문 분야나 직업이 전문화되고 분화되면서 전문 용어는 여태껏 만들어져 왔고 지금도 계속 만들어지고 있다. 번역가는 이렇게 계속 새롭게 만들어지는 전문 용어를 잘 알고 적재적소에 사용해야 한다. 물론 요즈음에는 분야별로 전문 번역가가 따로 있고, 이러한 분야의 번역은 흔히 '문학 번역'과 대응 개념으로 '기술 번역'으로 부른다. 그러나 유능한 번역가라면 인접 분야에서 사용하는 웬만한 전문 용어를 알고 있어야 오역이나 졸역을 줄이거나 피할 수 있다.

예를 들어 2011년 한-유럽연합(EU) 자유무역협정(FTA) 한글번역은 전문 용어에 대한 이해가 얼마나 중요한지 웅변적으로 말해 준다. 이 중요한 문서의 오역이 얼마나 심각했는지는 정부가 국회에 제출한 비준동의안을 스스로 두 차례나 철회한 데서도 미루어보고도 남는다. 가령 도시와 도시 사이에 운행하는 'intercity'를 '시내버스'로, 외환을 뜻하는 'foreign exchange'는 '환율'로, 소매를 뜻하는 'retail sales'는 '도매'로, 수입업자를 뜻하는 'importer'는 '무역업자'로 번역하였다. 이 밖에도 공무원시험을 뜻하는 'public service examination'은 '성인고시'로, 국채를 뜻하는 'treasury bonds'는 '재무부 채권'으로 잘못 번역하였다. '성인고시'는 아예 한국에 존재하지도 않고, '재무부'라는 정부 부처도 이미 1994년에 없어졌다.

이렇게 전문 용어를 제대로 파악하지 못하여 일어난 오

역 문제는 비단 정부간 협정 문서에 그치지 않고 전공 학술 저서 번역에서도 그 예를 찾아볼 수 있다. 데이비드 하비는 영국 출신의 지리학자, 인류학자, 경제학자, 사회이론가, 인문학자로 그동안 여러 분야에 걸쳐 종횡무진 활약해 왔다. 특히 그는 포스트모더니즘의 관점에서 자본주의와 신자유주의의 역학 관계를 규명하여 주목을 받았다. 그런데 그의 『신자유주의: 간략한 역사』(2005)가 한국어로 번역되면서 문제가 드러났다. 동일한 전문 용어가 같은 책 안에서 다르게 번역되었기 때문이다. 더구나 'exchange rate' 같은 기초적인 용어가 '환율'이 아닌 '교환 비율'로 번역되어 문제가 되었다.

또한 저명한 이탈리아 경제학자요 사회학자이자 세계체계론자인 조반니 아리기의 『베이징의 애덤 스미스』(2007) 번역도 전문 용어를 잘못 옮긴 것이 밝혀지면서 번역서로서는 보기 드물게 리콜 사태가 일어났다. 예를 들어 번역자는 'VOC'를 '고객의 소리'로 오역하였다. 물론 'VOC'는 분야에 따라 다양한 용어의 약어로 쓰이므로 문맥에 따라 판단하지 않으면 자칫 오역할 가능성이 크다. 가령 이 약어는 ① 대기 중으로 쉽게 증발되는 액체 또는 기체상 유기 화합물을 두루 일컫는 '휘발성 유기 화합물(Volatile Organic Compounds)', ② 코로나19와 관련하여 알파 변이, 베타 변이, 감마 변이, 델타 변이, 오미크론 변이 같은 '우려스러운 변이종(Variant of Concern)', ③ 세계 최초의 주식회사이자 세계 최초의 다국적 기업으로 평가받는 '네덜란드 동인도 회사(Vereenigde Oost-Indische Compagnie)', ④ 고객이 상담에서 민원으로 문제를 제기할 때 사용하는 '고객 상담(Voice of Customer) 등을 뜻한다. 그런데 이 책의 번역자는 항목 ④로 이해하여 옮겼지만 설령 그렇다 하더라도 '고객의 소리'가 아니라 '고객 상담'으로 번역해야 한다.

아리기가 『베이징의 애덤 스미스』에서 사용하는 이 약어의 의미는 다름 아닌 항목 ③이다. 프랑스 역사가 페르낭 브로델의 제자답게 아리기는 이 책에서 중국을 비롯한 아시아 경제의 역사와 발흥을 분석한다. 그러므로 그가 이 책에서 사용하는 'VOC'는 경제와 관련한 것임을 쉽게 알 수 있다. 더구나 '화폐, 권력, 그리고 우리 시대의 기원'이라는 부제를 붙인 아리기의 대표 저서 『기나긴 20세기』(1994)만 대충 훑어보았어도 아마 이 전문 용어를 어처구니없이 '고객의 소리'로 오역하지는 않았을 것이다.

인공지능 시대의 번역

인공지능(AI) 시대를 맞이하여 번역가의 위상을 새롭게 점검해 볼 필요가 있다. 번역가는 그 이전과 비교하여 그 위상이 어떻게 달라졌는가? 번역가로서의 임무와 역할은 전과 동일한가, 아니면 차이가 나는가? 기원전 2세기에 고대 이집트어 법령을 세 가지 문자로 번역하여 새겨놓은 로제타석 시대의 번역가와 인공지능 시대에 번역가는 그 위상과 역할 등에서 여러모로 다를 수밖에 없을 것이다.

요즈음 인공지능 기술이 눈부시게 발달하면서 인공지능 번역에 대한 관심도 그만큼 높아졌다. 기계 번역의 역사는 아무리 일찍 잡아도 겨우 4반세기를 넘지 않는다. 지금 널리 사용되는 기계 번역의 시조는 1997년 알타비스타(AltaVista)의 '바벨피시'다. '바벨'은 두말할 나위 없이 구약성경에 고대 바빌로니아 사람들이 건설했다고 기록되어 있는 전설의 탑인 그 바벨이다. '피시'는 글자 그대로 물고기다. 더글러스 애덤스는 『은하수를 여행하는 히치하이커를 위한 안내서』(1979)에 이 바벨피시라는 조그마한 물고기를 등장시킨다. 거머리를 닮은 물고기를 귀에 갖다 대면 어느 언어로 된 말이라도 즉시 이해할 수 있다. 그 뒤 구글사에서 개발한 '구글(Google) 번역', 마이크로소프트사에서 개발한 '빙(Bing) 번역', 러시아에서 개발한 '얀덱스(Yandex) 번역' 같은 외국 번역기에서 네이버의 '파파고 번역', 카카오 번역, 다음의 '팟플레이어 번역' 같은 국내 번역기에 이르기까지 기계 번역

서비스가 점차 늘어나고 있는 추세다.

십여 전 년 일본에서 '눈에서 멀어지면 마음도 멀어진다'는 영어 속담 'Out of sight, out of mind'를 컴퓨터를 이용하여 기계 번역(MT)을 시도해 본 적이 있었다. 그랬더니 뜻밖에도 "정신병원에 갇혔다(精神病院に閉じ込められた)"라는 일본어 번역이 나왔다. 영어로 "Confined to insane asylum"이라는 뜻이다. 'out of sight'라는 표현이 눈에 보이지 않는다는 뜻이고, 'out of mind'라는 표현이 정신 나갔다, 즉 미쳤다는 뜻이니 '정신병원에 감금시켜 놓았다'고 번역한 것도 그다지 무리가 아니다. 물론 기계 번역의 결과는 원문과는 거리가 멀어도 한참 먼, 참으로 어처구니없는 결과라고 아니할 수 없다. 비교적 최근에도 구글 번역기에 '옛날에 백조 한 마리가 살았습니다'라는 문장을 영어로 번역해 보면 '옛날에 100조 한 마리가 살았습니다'가 나왔다.

그로부터 십여 년이 훌쩍 지났고, 그 사이 인공지능과 빅데이터 같은 기술이 점차 발전하면서 기계 번역은 그야말로 눈이 부실 만큼 발전하였다. 좀 더 정확한 번역과 자연어 처리도 전과 달리 눈에 띄게 능숙해지고 있다. 그런가 하면 번역 속도 또한 인간보다 빠른 경우도 있다. 그 단적인 실례가지난 2016년 전 세계를 떠들썩하게 한 알파고와 이세돌 9단의 바둑 대결이다. 구글 자회사인 영국의 인공지능회사 구글 딥마인드에서 개발한 컴퓨터 바둑 인공지능 프로그램 알파고는 이세돌 기사를 4승 1패로 이겼다. 이세돌 기사는 한 개인 기사가 패배한 것일 뿐 인간이 기계에게 패배한 것은 아니라고 애써 변명하였다. 그런데도 인공지능이 지금껏 인간의 고유 기능이라고 간주해 온 논리적 사고와 추론에 도전장을 던진 것만은 부정할 수 없는 사실이다.

그렇다면 인공지능에 기반을 둔 기계 번역은 과연 어느 정도까지 발전했을까? 파파고와 구글 번역이 그동안 상당 수준에 이른 것으로 알려져 있다. 2017년 국제통번역협회와 세종대학교는 인공지능 번역기와 인간 번역사들 사이에 번역 대결을 주최하였다. 인공지능 대표로는 구글 번역기, 네이버 파파고와 세계 제1위의 기계번역 기술 업체인 시스트란의 서비스가 나섰다. 반면 인간 측에서는 5년 이상 경력의 전문 번역사 4명이 참여하였다.

문학 작품이 아닌 수백 낱말 분량의 글(기사·수필)과 문학 작품(소설)에서 뽑은 구절을 영어와 한국어 두 언어로 옮기는 대결이었다. 그러나 국내에서 이루어진 인공지능과 인간 사이의 첫 번역 대결은 인간의 '싱거운 승리'로 끝나고 말았다. 인간 번역사가 평균 합계 49점을 받아 19.9점을 받은 인공지능을 압도적으로 이겼다. 물론 낱말을 200자씩 끊어 쓰기를 제대로 적용하지 않아 인공지능이 제대로 작동되지 않는 등 불공정한 대결이었다는 지적도 없지 않았다. 그러나 인공지능의 번역 기술은 문해력이 부족하여 아직 기대에 미치지 못한다는 사실이 다시 한 번 확인되었다.

이 대결에서 구글과 파파고와 시스트란에게 영어 문장 "The dog was rude to the blanket"을 번역하도록 의뢰하였다. 그랬더니 "강아지가 이불에 무례를 범했다" 또는 "강아지가 이불에 예의가 없었다"로 번역하였다. 원문을 좀 더 적절하게 번역한다면 강아지가 담요에 소변을 누었다는 뜻으로 "강아지가 담요에 실례를 했다"라고 옮겨야 한다.

기계 번역의 문해력 부족을 보여 주는 사례는 열 손가락에 꼽을 수 없을 만큼 무척 많다. 가령 구글 번역에 "나 말리지 마"라는 문장을 영어로 번역하도록 입력하면 어처구니없이 "Don't dry me"가 나온다. "세월은 화살처럼 빠르게 지나간다"는 뜻의 "Time flies like an arrow"라는 영어 속담을 한 예로 들어보자. 인공지능 번역기는 아마 모르긴 몰라도 "시간 파리는 화살을 좋아한다"로 옮길지도 모른다. '시간 파리'가 무슨 의미냐고 따질지 모르지만, 인공지능 번역기는 파리의 일종으로 파악하고 그냥 넘어갈 것이다. 고유명사는 이보다 훨씬 더 심각하여 '경남 진주'를 입력하면 'Gyeongnam Pearl'로 번역하기 일쑤다.

이렇듯 기계 번역은 문법 구조가 복잡하거나 상황과 문

맥에 따라 의미가 달라지는 문장, 중의적 표현이나 문장, 신조어나 고유명사 같은 낱말을 번역하는 데는 한계가 있다. 물론 기계 번역도 끊임없이 진화한다. 가령 이 분야의 선두 주자인 구글은 번역 엔진의 오류 수를 계속 줄여가고 있다. 이렇듯 기계 번역은 딥러닝과 빅데이터를 기반으로 성능의 한계를 넘어서려고 한다. 인간이 평생 습득할 수 없는 방대한 양의 정보를 학습하고, 인간을 뛰어넘는 문제 해결 능력을 보여 줄 때도 있다. 요즈음 구글은 인공지능 기술을 도입하여 유튜브 자막 번역을 실시하는가 하면, 최첨단 인공지능 기반 '음성 비서'라고 할 '구글 어시스턴트'를 통한 다중 언어 번역 등이 꽤 진전을 이룬 것이 사실이다.

그래서인지 최근 4차 산업혁명에 따른 AI 자동화로 20~30년 안에 사라질 직업이 자주 매스컴에 오르내린다. 한 통계자료에 따르면 앞으로 줄잡아 20년이 되면 현재 우리가 알고 있는 직업의 47퍼센트가 사라질 것이라고 한다. 가까운 미래에 사라질 직업 중에서도 번역가와 통역사, 은행원, 텔레마케터, 기자, 의사, 변호사 등이 꼽힌다. 실제로 디지털 금융이 확산되면서 스마트폰 한 대만 있으면 직접 은행을 방문하지 않고서도 계좌개설은 말할 것도 없고 상품 가입, 계좌이체 등 무려 80퍼센트 넘는 은행 업무를 볼 수 있다. 은행원 외도 매표소 직원, 마트 직원, 단순 사무직 직원, 속기사

등도 자주 언급된다. 심지어 환자에게 약을 처방하는 의사와 변호사도 도마에 오른다.

인공지능은 논리와 비판적 능력이 요구되는 분야에서는 인간을 앞설 수 있을지도 모른다. 사리 판단에 맞게 데이터를 분석하고 처리하는 법률이나 의료 서비스 분야에서 인공지능은 탁월하기 때문이다. 최근 인공지능 기술을 이용한 법률 서비스가 주목을 받고 있다. 법률과 과학기술을 접목한 '리걸테크(Legal Tech)'가 글로벌 시장에서 빠른 속도로 성장하며 주목을 받고 있다. 리걸테크란 인공지능 등 4차 산업혁명과 관련된 기술을 이용하여 판사와 검사 그리고 변호사가 수행하는 법률 서비스를 좀 더 편리하게 제공하는 산업을 말한다. 전문가들은 리걸테크가 고객의 접근성을 높일 뿐 아니라 변호사의 업무 부담을 상당 부분 줄여 주는 효과가 있을 것이라고 내다본다. 가령 복잡한 법률 문서를 작성하고 판례를 광범위하게 수집하여 소송과 재판에 적잖이 도움을 줄 수 있다는 것이다.

인공지능 기술은 법률뿐 아니라 보건 의료 분야에서도 활용 가능성이 크다. 예를 들어 인공지능은 오랫동안 축적된 생화학적 혈액 검사 데이터를 면밀히 분석하는 플랫폼 기술과 결합하면 새로운 데이터의 패턴을 식별하고 암을 조기에 예측할 수 있다. 또한 인공지능 기술은 의사를 대신하여 빅데이터를 기반으로 환자의 질병을 진단하고 그에 걸맞은 처방을 내릴 수도 있다. 물론 법률 분야처럼 의료 분야에서도 인간의 접촉을 전혀 무시한 채 오직 인공지능에만 의존할 수는 없다. 말하자면 인공지능은 인간 두뇌의 경쟁자가 아니라 보조자로서의 역할을 해야 할 것이다.

그러나 다른 업종은 몰라도 전문 번역가는 아직은 염려할 단계는 아니다. 기계는 번역에 관한 한 인간의 능력을 뛰어넘기란 얼핏 보이는 것처럼 그렇게 쉽지 않다. 기계는 결국 인간이 만들어 준 알고리즘과 학습 데이터에 의존하지 않고서는 발전할 수 없기 때문이다. 기계는 인간 능력의 한계를 뛰어넘는다기보다는 인간 능력을 보강해 준다고 보는 것이 쪽이 더 합리적이고 정확하다. 인공지능 번역기는 신문이나 잡지 기사를 비롯하여 과학과 기술과 관련한 논문, 매뉴얼, 카탈로그, 계약서, 제품 소개서, 광고 문안이나 상품 이용 안내서 같은 번역에는 나름대로 유용할 수 있다.

그러나 인공지능은 기술 번역은 몰라도 적어도 미묘한 감정을 다루는 문학 번역에서만큼은 아직 숙련된 인간 번역가를 따라갈 수 없다. 다행스럽게도 인공지능 번역기는 인간에 버금가는 능력을 갖출 수는 있어도 인간을 능가할 수는 없다. 그것은 바로 인간에게는 기계에 없는 감성이 있기 때문이다. 온갖 희로애락의 감정을 느끼고 표현할 수 있는 인간과는 달리 인공지능은 그러한 감정을 느끼고 표현할 능력이 없다. 그러므로 인공지능이 인간을 대체할 가능성은 있다고 하여도 그렇게 되기까지는 아직은 갈 길이 멀다.

물론 그렇다고 인간은 자만할 수만은 없다. 인공지능 번역기는 언제 인간처럼 직관력과 감성 기능을 갖추게 될지 모르기 때문이다. 과학과 기술이 하루가 다르게 발전하는 지금 인공 지능은 그 기능이 현재보다 훨씬 더 향상될 것이다. 기존의 데이터베이스 관리 도구의 능력을 훨씬 넘어서는 빅데이터는 인간 두뇌를 앞설 수 있다. 또한 인공지능의 정보 처리 능력도 인간의 두뇌로써는 도저히 따를 수 없다. 요즈음처럼 아침에 눈을 뜨면 스마트폰이나 태블릿 PC에 먼저 손이 가는 추세가 계속된다면 어쩌면 인간 번역사가 인공지능 번역기에 두 손을 들 날이 예상 밖으로 빨리 오게 될지도 모른다.

상상력의 힘으로 찬란한 우주를 창조하는 문학 작품의 번역에서는 의료나 법률 서비스는 말할 것도 없고 기술 번역과 비교하여 인공지능의 역할이 그렇게 크다고 할 수 없다. 비록 그 역할이 크다고 하여도 인간 두뇌의 수준에 이르기 위해서는 많은 노력과 시간이 필요하다. 창조적 기능은 비판적 기능과는 달라서 하루아침에 성취할 수 있는 것이 아니기 때문이다. 앞에서도 언급한 몇 가지 사례에서도 볼 수 있듯이 인공지능은 인간처럼 창의적 사고를 하기란 여간 어렵지 않다. 번역가가 인공지능을 능가할 수 있는 가장 중요한 덕목 중 하나는 다름 아닌 창의적 상상력이다. 그러므로 번역가는 이 덕목을 계발하는 데 최선을 다해야 한다. 이러한 창의적 상상력을 계발하고 한껏 발휘할 번역가가 바로 '전문' 번역가일 것이다.

2

번역과 반역 사이

서구 번역사에서 최초의 번역 이론가라고 하면 흔히 16
세기에 프랑스에서 활약한 인문학자 에티엔 돌레를 꼽는다.
흥미롭게도 그는 번역을 충실하게 하지 않았다고 하여 화형
을 당한 '번역의 순교자'이기도 하다. 플라톤의 『대화편』을
프랑스어로 번역하면서 인간의 죽음 다음에 무엇이 존재하
는지에 관한 대목에 이르러 돌레는 그만 원천 텍스트에 없
는 "아무것도 없다(rien du tout)"라는 구절을 덧붙여 놓았다.
인간은 사망하고 나면 그뿐 그 뒤에는 아무것도 존재하지
않는다는 말을 부연 설명해 놓은 것이다. 그런데 1546년 소
르본대학의 신학 교수들은 이 구절을 근거로 돌레가 기독교
의 핵심 교리 중 하나인 영생을 믿지 않는 이단자이며 그의
번역은 곧 신성모독과 다름없다고 몰아세웠다. 모든 길이

로마로 통하듯이, 모든 것이 기독교로 통하던 16세기에 그는 이단의 혐의를 받기에 충분하였다. 결국 이단자로 몰려 돌레는 장작더미 위에서 불에 타 한 자락 연기로 사라지고 말았다.

성경의 뜻에 반하게 번역했다고 하여 화형당하는 프랑스 인문학자 에티엔 돌레.

그런데 번역 이론가로서 돌레는 일찍이 번역가라면 반드시 염두에 두어야 할 다섯 가지 원칙을 제시한 적이 있다. ① 원저자의 의미와 자료에 대한 완벽한 이해, ② 원천어와 목표어에 대한 완벽한 지식, ③ 낱말 대 낱말 번역의 회피, ④ 라틴어 표현의 회피, ⑤ 적절한 낱말의 결합과 연결 등이 바로 그것이다. 돌레의 번역 이론은 무려 4세기 넘는 세월이 지난 오늘날의 기준에 비추어 보아도 좀처럼 세월의 풍화작용을 받지 않은 채 조금도 낡았다는 느낌이 들지 않는다.

최근 한국 번역계에서 이루어져 온 번역의 실제 현황을 보면 돌레의 이론이 새삼 떠오른다. 그의 번역 이론 중에서도 특히 첫 번째와 두 번째 그리고 다섯 번째 원칙에 초점을 맞추어 문학 번역과 성경 번역에서 오역의 실례를 살펴보면 무척 흥미롭다. '좋은' 번역이 많은데도 군이 오역 문제를 다루느냐고 탓할 사람이 있을지도 모른다. 물론 '좋은' 번역은 칭찬받아 마땅하고 앞으로 번역가를 꿈꾸는 사람들이 귀감으로 삼아야 한다. 또한 국내에 여러 종류의 번역상 제도가 마련되어 있어 굳이 이 자리에서 '좋은' 번역을 밝힐 필요는 없을 것이다.

이왕 '좋은' 번역 이야기가 나왔으니 말이지만 '좋은' 번역이란 어디까지나 상대적 개념이다. 번거롭게 굳이 따옴표를 사용하여 표기하는 것도 '좋은' 번역에 대한 어떠한 절대적 기준이 없기 때문이다. 한 시대에 '좋은' 번역으로 평가받던 작품도 다른 시대에서는 그러한 평가를 받지 못하는 경우가 더러 있다. 이처럼 번역은 세월의 풍화작용을 받게 마련이다. 달리 생각해 보면 번역은 비단 세월의 풍화작용만을 받는 것은 아니다. 동시대의 평가도 흔히 생각하는 것처럼 그렇게 단순하지 않다. 번역상 심사를 하다 보면 '좋은' 번역을 두고 심사위원들 사이에서는 의견이 크게 엇갈린다. 그런데 문제는 심사위원들의 의견은 저마다 일리가 있다는 데 있다. '완벽한' 번역은 모든 번역가가 추구해야 할 높은 이상이다. 그러한 이상을 향하여 기존의 번역가와 후대의 번역가는 마치 보석을 가공하듯이 끊임없이 번역하고 또 번역해야 한다.

최근 일간신문에 따르면 정부에서는 2023년 1월 1일부터 식품에 표시된 '유통기한'이 소비자가 실제로 음식물을 섭취할 수 있는 기한인 '소비기한'으로 바꾸기로 하였다. 이렇게 유통기한 또는 소비기한이 있는 것은 비단 식품만이 아니다. 번역에도 유통기한이나 소비기한이 있다. 언어란 살아 있는 생물과 같아서 역사적 시간과 사회적 공간에서 끊임없이 변화 과정을 겪는다. 인터넷과 온갖 소셜미디어가 발달해 있는 21세기 상황에서 언어의 변화 속도는 상상을 초월할 정도로 무척 빠르다. 그러므로 적어도 10년에 한 번씩은 기존의 번역을 다시 점검하여 새롭게 번역해야 한다. 비유적으로 말하자면 원천 텍스트라는 육체에 입힌 옷이나 장신구 중에서 시대에 뒤떨어진 것은 버리고 당대의 감각과 유행에 걸맞은 것으로 새롭게 바꿔야 한다. 이를 달리 말하면 시대를 뛰어넘는 영원히 '좋은' 번역으로 평가받는 번역은 존재하지 않는다.

여기서 새삼스럽게 '오역'을 언급하는 데는 그럴 만한 이유가 있다. 과거 역사에 대한 성찰이나 반성 없이 밝은 미래가 없듯이 오역에 대한 성찰과 반성 없이도 올바른 번역을 기대하기 어렵기 때문이다. 세계 번역사를 자세히 들여다보면 '좋은' 번역으로 정평이 나 있는 번역은 거의 예외 없이 오역의 비옥한 토양에서 자양분을 흡수하여 성장했음을 알 수 있다. 말하자면 훌륭한 번역이라는 불사조는 오역의 잿더미에서 솟아오르는 법이다.

이와 관련하여 흔히 '현대 미국문학의 삼총사'로 일컫는 윌리엄 포크너, F. 스콧 피츠제럴드, 어니스트 헤밍웨이의 국내 번역 중에서 오역이나 졸역과 관련한 몇 가지 문제점을 짚고 넘어갈 필요가 있다. 이 세 작가는 나이도 한두 살밖에 차이가 나지 않는 동시대 작가인데다 미국문학뿐 아니라 세계문학에서도 굵직한 획을 그었다. 그들의 작품은 번역 저작권이 말소된 데다 한국에서 인기가 있어 그동안 국내 번역가들이 앞을 다투어 번역해 왔다. 지금 시중에 나도는 이들 작품의 번역본은 무려 수십 종에 이른다. 세계문학전집을 출간하는 대형 출판사는 말할 것도 없고 군소 출판사에서 1인 출판사에 이르기까지 이들의 작품을 출간해 왔다.

피츠제럴드 작품의 오역

원천어에 대한 문해력 없이 번역하는 것은 마치 장님이 지팡이에 몸을 의지하여 길을 걷는 것처럼 위험천만하다. 익숙한 길은 그런대로 갈 수 있을지 모르지만 새로운 길이 나타나거나 길이 조금만 복잡하여도 헷갈리게 마련이다. 미국 작가 F. 스콧 피츠제럴드의 『위대한 개츠비』(1925)의 번역은 이러한 경우를 보여 주는 더할 나위 없이 좋은 예로 꼽힌다.

일본에서 이 작품은 미국 문학의 권위자인 노자키 다카시(野崎孝) 교수의 번역과 베스트셀러 작가 무라카미 하루키(村上春樹)의 번역이 양대 산맥을 이루고 있다. 하루키는 피츠제럴드를 두고 "한동안 그만이 나의 스승이요, 대학이요, 문학하는 동료였다"고 말할 만

소설가 무라카미 하루키의 『위대한 개츠비』 일본어 번역서 표지.

큼 이 미국 작가한테서 받은 영향이 무척 크다. 감수성이 예민한 고등학교 시절부터 하루키는 피츠제럴드의 소설이라면 닥치는 대로 열심히 읽고 또 읽었다. 그러므로 어떤 의미에서 피츠제럴드는 하루키가 소설가로 태어나는 데 산파 역할을 맡았다고 하여도 크게 틀리지 않는다.

아니나 다를까 한국에서는 한때 '상실의 시대'라는 제목으로 번역되어 인기를 끈 『노르웨이 숲』(1987)에서 하루키는 『위대한 개츠비』를 언급한다. 이 작품의 1인칭 서술 화자이자 주인공인 와타나베 도루(渡辺徹)는 기숙사의 상급생으로 도쿄대학교 법학부에 재학 중인 나가사와(永澤)와 친해진다. 그런데 이렇게 두 사람이 친하게 된 데는 『위대한 개츠

비』가 중요한 역할을 한다. 그의 부친이 나고야(名古屋)에서 큰 병원을 경영하고 있는 부잣집 자식에 수재라고 할 정도로 머리가 좋은 나가사와는 상대방을 압도하는 자신만만하고 카리스마적인 인물이다. 문학 이야기를 하던 중 그는 와타나베에게 사후 30년이 지나지 않은 작가의 작품은 절대로 읽지 않는다고 자신만의 독서 원칙을 밝힌다. 그러자 와타나베는 "피츠제럴드는 28년밖에 안 됐는데요?"라고 묻는다. 그러자 나가사와는 역시 와타나베에게는 낯선 골프 용어로 "상관없어, 2년쯤은. 그 정도로 대단한 작가는 '언더 파'로 쳐 준다"라고 되받는다.

나가사와는 이어 와타나베에게 "『위대한 개츠비』를 세 번 이상 읽은 사람이면 나와 친구가 될 수 있지"라고 말한다. 좀 더 원문에 충실하게 옮긴다면 "『위대한 개츠비』를 세 번 읽는 사내라면 나와 친구가 될 것 같아(『グレート・ギャツビイ』を三回讀む男なら俺と友だちになれそうだな)"가 될 것이다. 그냥 놓치고 넘어갈 수도 있지만 한국어 번역에서 '사람'이라고 뭉뚱그려 옮겼지만 일본어 원문에서는 '남자'라고 특정 지어 말함으로써 은근히 여성을 배제하고 남성의 동류의식을 나타내려는 듯한 태도가 엿보인다. 그러므로 나가사와 피츠제럴드는 성인지 감수성을 의심받을 만하다.

『위대한 개츠비』를 재미있게 읽었다는 몇몇 독자에게 나는 그 많은 소설 중에서 어떻
게 해서 그 작품을 읽게 되었
느냐고 물어본 적이 있다. 그랬
더니 놀랍게도『노르웨이 숲』
을 읽고, 그중에서도 특히『위
대한 개츠비』와 관련하여 나가
사와가 와타나베에게 하는 이
말 때문에 읽었다는 독자들이

『위대한 개츠비』로 미국문학을 세계
문학의 반열에 올려놓는 데 이바지한
F. 스콧 피츠제럴드.

적지 않았다. 이처럼 한 작품은
독자들이 다른 작품을 읽는 계기가 된다는 점에서 그 파급
효과가 무척 크다.

　　그러나 엄밀히 말해서 피츠제럴드를 좋아하는 것과 그
의 작품을 번역하는 것은 별개의 문제다. 물론 번역가는 좋
아하는 작가를 번역할 때 좀 더 잘 할 수 있는 것이 사실이
다. 좋아하지도 않는 작품을 의무감에서 억지로 번역한 작
품이 좋은 번역이 될 리 만무하다. 인류 역사에서 그 유례를
찾아보기 어려운 1차 세계대전과 휴전, 그리고 1920년대의
‘재즈시대’와 ‘광란의 시대’를 배경으로 하는 만큼『위대한
개츠비』를 제대로 번역하려면 당대 미국의 사회적·문화적
환경을 제대로 이해해야 한다. 그러한 배경 지식이 없이 번
역한다면 작품의 육체만 옮겼을 뿐 그 영혼까지 옮겼다고는

노자키 다카시의 『위대한 개츠비』 일본어 번역서 표지.

할 수 없을 것이다.

한마디로 소설가 무라카미 하루키의 번역보다는 영문학자 노자키의 번역이 훨씬 더 정확하다. 노자키는 도쿄제국대학 문학부 영문학과에 입학하여 흔히 일본 영미문학 번역가의 태두로 알려진 나카노 요시오(中野好夫)에게서 사사하였다. 노자키는 여러 대학에서 영미문학을 강의하는 한편, 무려 50여 편이 넘는 영문학 작품을 일본어로 번역하였다. 노자키의 번역과 비교해 볼 때 아마추어 번역가라고 할 하루키의 번역은 의욕만 앞섰지, 작품을 깊이 있게 이해하고 있다고 보기 어렵다. 또 미국의 문학 전통이나 1920년대 초엽의 미국 사회와 문화에 대해서도 하루키는 노자키처럼 그렇게 해박하지 못하다. 다만 하루키는 직업 작가이므로 언어 구사력이나 가독성에서는 문어체를 구사하는 노자키보다 조금 낫다고 할 수 있다.

흥미롭게도 노자키와 하루키는 각각 J. D. 샐린저의 『호밀밭의 파수꾼』(1951)을 번역하여 관심을 끌기도 하였다. 하루키는 원어 그대로 『캐처 인 더 라이(キャッチャ-・イン・ザ・ライ)』라는 제목으로 번역한 한편, 노자키는 『호밀밭에서 잡아라(ライ麥畑でつかまえて)』라는 제목으로 번역하였다. 샐린저는 이 작품에서 온갖 속어와 비어를 구사하고 있어 이 작품을 번역하는 것은 겉으로 보이는 것처럼 그렇게 만만하지 않다. 더구나 이 작품은 2차 세계대전 이후 미국 사회에 대두된 대중문화를 그 배경으로 하고 있다.『위대한 개츠비』와 마찬가지로『호밀밭의 파수꾼』도 텍스트의 이해와 정확도에서는 노자키의 번역이, 가독성에서는 하루키의 번역이 조금 더 낫다.

번역에서 가독성이 높다는 것이 칭찬받아 마땅하지만 늘 미덕이 되는 것은 아니다. 정확성이 뒷받침되지 않는 가독성은 이렇다 할 의미가 없기 때문이다. 가독성을 높이려고 번역하기 어렵거나 제대로 이해하지 못하는 부분은 생략해 버리고 번역하는 번역가들이 의외로 많다. 또한 쉽게 읽히기만 하면 '좋은' 번역이라고 생각하는 독자들이 생각 밖으로 많다. 거추장스럽다고 잔가지를 제거해 버리고 큰 줄기만 남겨놓으면 나무 모습은 훨씬 가지런하고 예쁘게 보인다. 그러나 그 잘라낸 잔가지 속에 작품 특유의 문체와 심오한 의미가 들어 있다면 어떻게 될까? 원문을 모르고 번역본만 읽는 독자들은 가독성에 속아 '좋은' 번역이라고 평가하기 십상이다.

여기서 잠깐 17세기 프랑스의 인문학자 쥘 메나주가 처

'부정한 미인'의 개념을 번역에 도입한 질 메나주.

음 제시한 '부정(不貞)한 미인(belles infidèles)'의 개념을 살펴보는 것이 좋을 것 같다. 고대 그리스와 로마 시대의 고전 작품을 프랑스어로 번역하면서 17세기는 프랑스 문학사에서 그야말로 황금기를 맞이하였다. 그런데 문제는 당시 번역이 가독성은 높지만 원문의 충실도에는 크게 미치지 못한다는 데 있었다. 당시의 이러한 번역을 메나주는 '부정한 미인'이라고 불렀다. 두말할 나위 없이 얼굴은 예쁘지만 남편이나 애인에게 정절을 지키지 않는 헤픈 여성이라는 뜻이다.

좀 더 구체적으로 말하면 메나주는 당시 번역가 페로 다블랑쿠르가 2세기에 시리아에서 활약한 루치아노 데 사모사타의 고대 그리스어 작품을 프랑스어로 번역한 작품을 두고 '부정한 미인'이라는 표현을 사용하였다. 메나주는 "그의 번역은 내가 투르에서 열렬히 사랑하던 한 여성을 생각나게 한다. 그녀는 미인이었지만 행실이 바르지 못했다"고 말하였다. 다블랑쿠르는 가령 '음주', '주색 파티', '남색' 같은 독자들의 감수성을 건드릴 만한 낱말을 모두 생략해 버리고 번역하기 일쑤였다. 그러므로 종교학과 문법학을 전공한 메나주의 눈에 다블랑쿠르의 번역은 '부정한 미인'처럼 보일 수밖에 없었다.

그러나 메나주의 이 말은 미모가 뛰어난 여성이 흔히 행실이 올바르지 않다는 그릇된 통념이나 편견에서 비롯한 것으로 실제 사실과는 크게 다르다. 메나주가 17세기에 살았으니 망정이지 만약 21세기에 살았다면 아마 여성혐오주의자나 젠더 의식 결여자로 낙인이 찍혀 사회에서 매장되었을지도 모른다. 이 세상에는 '정숙한 미인'이 얼마든지 있는가 하면, 이와는 반대로 '부정한 추녀'도 얼마든지 있게 마련이다. 정숙하냐 그렇지 않으냐 하는 문제는 어디까지나 개인의 차이일 뿐 남녀의 성별과는 아무런 관련이 없다.

『위대한 개츠비』의 번역을 둘러싼 사정은 비단 일본에만 그치지 않고 어떤 의미에서는 한국에서도 크게 다르지 않다. 최근 한 번역가가 하루키를 의식한 듯이 『위대한 개츠비』를 번역하였다. 그런데 무엇보다도 원천어에 대한 지식이 부족할뿐더러 목표어인 모국어 구사력도 그다지 신통치 않다. 번역서 곳곳에 졸역과 오역이 눈에 띈다. 그의 번역에서 구체적인 실례를 한두 경우 들어보는 것으로 충분할 것 같다.

피츠제럴드의 『위대한 개츠비』는 얼핏 보면 읽기에도 번역하기에도 쉬운 작품인 것 같다. 그러나 막상 자세히 뜯어보면 겉으로 보기와는 달리 그렇게 쉽지 않다는 사실을 알게 된다. 미국의 피츠제럴드 연구가 리처드 리언은 언젠가 이 소설을 백 번 이상 읽었지만 읽을 때마다 새로운 의미를 느끼게 된다고 고백한 적이 있다. 그러면서 그는 "믿어지지 않을 만큼 복잡한 소설"이라고 못 박는다. 리언의 말대로 이 작품은 단순해 보이는 문장만 보고 번역에 손을 댔다가는 낭패를 보기 쉽다.

이렇듯 『위대한 개츠비』를 한국어로 번역하는 작업은 생각보다 그렇게 간단하지 않다. 낱말 한 마디, 구절 하나, 문장 하나가 함축적 의미로 충전되어 있을 뿐 아니라 1920년대 미국 사회와 문화를 거의 그대로 담고 있기 때문이다. 또한 온갖 수사적 장치가 작품 곳곳에 도사리고 있어 섣불리 우리말로 옮길 수 없다. 그러므로 이 작품을 번역하는 일은 마치 지뢰밭을 지나가는 것과 같다. 곳곳에 지뢰가 도사리고 있어 자칫 잘못 밟다가는 지뢰가 터져 오역하기 십상이다. 실제로 한 번역가는 "창작이 전차군단이라면 번역은 지뢰 제거반"이라고 했지만 이 말이 왠지 공허하게 들린다. 지뢰를 제거하기는커녕 지뢰를 밟아 터진 경우가 적지 않기 때문이다.

원문 텍스트를 읽지 않고 번역본만 읽는 독자들이 번역

의 질을 평가하기란 그렇게 쉽지 않다. 가령 원문에는 "그는 울었다"로 되어 있지만 "그는 웃었다"로 번역해 놓아도 독자들은 전혀 알 길이 없다. 실제로 한 외국인 번역가는 정지용(鄭芝溶)의 작품 「비로봉 2」을 번역하면서 "지팽이 / 자진마짐 // 흰돌이 우놋다"라는 구절에서 '울다'의 고어 '우놋다'를 '웃다'의 의미로 잘못 이해하여 'cry' 대신 'laugh'로 번역해 놓았다. 번역의 생명은 무엇보다도 원문을 충실히 옮기는 데 있다. 일단 원문을 충실히 전달하는 데 성공했다면 이번에는 형식과 문체를 살려야 한다. 원문의 육체뿐만 아니라 그 영혼까지도 고스란히 살려내는 것이 훌륭한 번역이다. 백 번 듣는 것이 한 번 보는 것만 못하다고 구체적인 예를 몇 가지 들어보기로 하자.

최근 한 번역가가 옮긴 『위대한 개츠비』 번역이 '젊은' 번역이라고 하여 인기를 끌고 있다. 모르긴 몰라도 화자인 닉 캐러웨이와 데이지, 개츠비에게 반말을 쓰게 한 것을 두고 이르는 것 같다. 아니면 작품 첫머리에서 식탁에 촛불을 켜놓고 저녁 식사하는 장면에서 "Why candles?"이라고 한 것을 "웬 촛불?"로 번역한 것을 두고 말하는 것인지도 모른다. 속어나 비어 같은 구어적 표현을 많이 사용한 것도 아마 젊은 독자들을 의식하기 때문인 것 같다. 그런가 하면 수동태 문장처럼 외국어를 서툴게 번역해 놓은 것을 '젊은' 문장으로 착각하기도 한다.

쓰레기 처리장 근처에서 자동차 정비업을 운영하는 가난한 백인 조지 윌슨의 아내 머틀이 친구에게 자신이 입고 있는 옷을 은근히 자랑하며 말하는 "It's just a crazy old thing"라는 문장은 이미 《조선일보》의 어수웅(魚秀雄) 기자가 예로 든 바 있다. 이 번역가는 "이딴 걸 옷이라고 할 수 있나요? 유행 다 지난 건데. 대충 입어도 되는 날에나 편하게 걸치는 거지"라고 옮겼다. 과잉 번역치고는 그 도가 조금 지나치다. "형편없는 헌 옷 나부랭이"나 "구닥다리 같은 옷" 또는 속어를 사용해 "거지 같은 옷"이라고 하면 될 것을 왜 이렇게 장황하게 옮겨놓았을까. 헌 옷이라고 반드시 유행이 지난 옷은 아니다. 또 갓 새로 구입한 옷에 대해서도 "얼마든지 이딴 걸 옷이라고 할 수 있나요?"라고 말할 수 있다.

이 번역자의 번역은 피츠제럴드 특유의 간결체 문장에 찬물을 끼얹는 번역이라고 아니할 수 없다. 이 번역을 두고 어수웅이 "MSG 넣은 개츠비요, 성형미인 개츠비다. 분명 맛있는데, 원재료 맛은 애매해진"이라고 말하는 것도 그다지 무리가 아니다. '젊은' 번역은 빗나가도 한참 빗나갔다. 어수웅은 이 번역자의 번역에 대하여 계속하여 "원문과 비교했을 때 판단은, [이 번역자]의 『위대한 개츠비』는 피츠제럴드보다 [번역자]가 먼저 보인다는 것이었다. [번역자]의 표현을 빌리면 '젊은 개츠비'고, 기존 번역계 주장을 빌리면 번역이 아니라 '번안'이다"라고 말한다. 여기서 '기존 번역계의 주장'이란 다름 아닌 나의 주장을 말한다.

언뜻 대수롭지 않은 것 같지만 "베드로라 불린 시몬"도 마찬가지로 좋은 번역으로 볼 수 없다. 한국어에서는 능동형이 발달되어 있을 뿐 영어식의 수동형은 좀처럼 사용하지 않는다. 그래서 한국어에서는 '수동형'이라는 용어보다는 '피동문'이라는 용어를 더 많이 사용한다. 한국어 피동문에는 피동사와 피동형이 있다. 피동사는 동사의 어간에 '-이', '-히', '-리', '-기'를 붙여서 만드는데 이렇게 피동사가 있는 동사의 경우에는 원칙적으로 '-아지다' 또는 '-어지다'가 붙는 피동형을 쓰지 않는다. 다시 말해서 '보이다'가 있으면 '보아지다' 같은 표현은 잘 쓰지 않는다. 이렇게 보이지 않는 원칙에 따라 '먹어지다' 대신 '먹히다'를, '밀어지다' 대신 '밀리다'를, '쫓아지다' 대신 '쫓기다'를 사용하는 것이다. 물론 예외 없는 규칙이 없다고 이 경우도 예외는 있다. 어쩌다 경우에 따라 '먹히다' 대신에 '먹어지다' 같은 표현을 쓸 때가 더러 있다.

앞 장에서도 잠깐 언급했지만 번역가는 외국어에 대한 문해력이 뛰어나야 하지만 그것 못지않게 중요한 것이 모국어에 대한 문해력이다. 대부분의 번역가는 모국어에 대한 지식을 당연한 것으로 여기고 있다. 모국어란 글자 그대로 어머니 무릎에 누워 자연스럽게 배운 언어이기 때문에 모국어를 구사하는 사람들은 자신들이 날마다 사용하는 언어에 대하여 아주 능통하다고 생각하기 쉽다. 그러나 실제로는 모국어를 제대로 이해하여 잘 구사하기란 생각보다 무척 어렵다. 전문 번역가는 외국어를 번역하려고 하기에 앞서 먼저 모국어를 잘 구사할 줄 알아야 한다.

『위대한 개츠비』 3장에서 1인칭 서술 화자요 작중인물 중 한 사람인 닉 캐러웨이가 톰과 함께 맨해튼의 아파트에서 파티를 벌이는 장면이 나온다. 아파트에 억지로 끌려오다시피 한 닉은 심심한 나머지 탁자 위에 놓여 있는 책 한 권을 집어 읽는다. 피츠제럴드의 소설이 출간되기 몇 해 전 미국에서 그야말로 선풍적인 인기를 끈 로버트 키블의 『베드로라 하는 시몬』(1921)이라는 작품이 바로 그것이다.

키블은 두말할 나위 없이 이 작품의 제목을 신약성경에서 빌려왔다. "욥바로 사람을 보내어, 베드로라고도 하는 시몬을 불러오너라"(「사도행전」 10장 32절)라는 구절이 바로 그것이다. 앞에 언급한 번역자는 책 제목을 '시몬'과 '베드로'의 위치를 살짝 바꾸어 『시몬이라 불리는 베드로』로 번역하였다. 그러나 원문에 맞게 정확히 번역한다면 『베드로라 하는 시몬』이라고 옮겨야 한다. 결국 동일한 인물을 가리키는 것이 아니냐고 반문할 독자도 있을지 모른다. 물론 동일한 인물이지만 '시몬'과 '베드로' 중 어느 쪽을 먼저 언급하느냐에 따라 그 의미가 조금 달라진다.

예수 그리스도가 열두 제자들을 받아들이는 과정을 묘사하는 「요한복음」 첫머리에서 요한은 "그런 다음

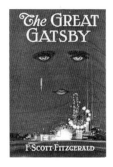

F. 스콧 피츠제럴드의 대표작 『위대한 개츠비』.

에 시몬을 예수께로 데리고 왔다. 예수께서 그를 보시고 말씀하셨다. '너는 요한의 아들 시몬이로구나. 앞으로는 너를 게바라고 부르겠다.' '게바'는 '베드로' 곧 '바위'라는 말이다"(1장 42장)라고 기록한다. '게바'는 "만세반석 열리니 내가 들어갑니다"처럼 찬송가에서 자주 사용하는 그 '반석'을 뜻하는 아람어다.

예수는 시몬의 이름을 '게바'로 개명해 주었고, 이 복음을 쓴 요한은 아람어를 잘 모르는 이방 사람들을 위하여 친절하게 '베드로'라는 헬라어로 다시 번역을 해 주었다. 이렇게 뒷날 사도의 으뜸으로 활약하게 될 베드로는 이름이 '시몬 → 게바 → 베드로'로 바뀌었다. 예수는 그에게 "너는 베드로다. 나는 이 반석 위에다가 내 교회를 세우겠다. 죽음의 문들이 그것을 이기지 못할 것이다"(「마태복음」 16장 18절)라

고 말한다. '페테르(베드로)'는 본디 고대 그리스어로 돌이나 반석이라는 뜻이다. 그래서 수사학자들은 예수가 베드로의 이름을 두고 펀(말장난)을 사용했다고 주장한다.

『베드로라 하는 시몬』 대신 『시몬이라 불리는 베드로』로 번역하면 시몬에서 베드로로 바뀌는 과정을 놓치게 된다. 예수를 만나기 전 시몬은 나약할 뿐 아니라 세상에 내세울 것이 별로 없는 무식하고 가난한 어부였다. 그러나 날마다 실패와 좌절을 겪으며 살아야 했던 시몬이 예수를 처음 만나면서 강한 믿음의 사람으로 변하였다. 로마가톨릭교회에서는 베드로를 로마의 첫 번째 주교이자 교회의 최고 목자, 그리스도의 지상 대리자 역할을 수행했던 인물, 그리고 제1대 교황으로 간주한다. 한마디로 번역이란 언어를 번역하는 것 못지않게 문화를 번역하는 작업이다. 해당 문화를 제대로 이해하지 않고서는 번역을 잘할 수 없다.

조선 25대 임금이자 대한제국의 추존(追尊) 황제인 철종(哲宗)은 흔히 '강화도령'으로 부른다. 국왕이 되기 전까지 어린 시절을 강화도에서 나무꾼으로 보냈기 때문에 그렇게 일컫는 것이다. 왕조의 직계 혈통이 단절되어 즉위한 방계 출신 군주로 당대 실권자인 안동 김씨 세도의 정치적 목적에 따라 군주로 옹립된 것으로 알려져 있다. 그런데 조선의 25대 임금을 '강화도령이라 하는 철종'이라고는 부를 수 있어도 '철종이라 하는 강화도령'이라고는 부르지 않는다. 이와 마찬가지로 '충무공(忠武公) 이순신(李舜臣)'이라고는 불러도 '이순신 충무공'으로는 부르지 않는다.

『위대한 개츠비』 7장에는 톰 뷰캐넌과 데이지, 닉 캐러웨이와 제이 개츠비, 조던 베이커가 무더운 여름날 더위를 피하여 맨해튼의 플라자 호텔에 방을 하나 얻어 파티를 벌이는 장면이 나온다. 그런데 즐거워야 할 파티는 연적(戀敵)이라고 할 톰과 개츠비의 긴장과 갈등으로 엉망이 되고 만다. 그런데 이 소설의 화자 닉은 문득 오늘이 자신이 서른 살 되는 생일날이라는 사실을 깨닫고는 평소 그의 버릇처럼 잠시 사색에 잠긴다.

Thirty — the promise of a decade of loneliness, a thinning list of single men to know, a thinning brief-case of enthusiasm, <u>thinning hair</u>. But there was Jordan beside me, who, unlike Daisy, was too wise ever to carry well-forgotten dreams from age to age. As we passed over the dark bridge her wan face fell lazily against my coat's shoulder and the formidable stroke of thirty died away with the reassuring pressure of her hand.

위 인용문 첫 문장에서 밑줄 친 "thinning hair"를 한 번역자는 "가늘어지는 머리카락"으로 번역하였다. 'thin'이 형용사가 아닌 동사로 쓰일 경우 "to make thin or thinner" 또는 "to reduce in thickness or strength"라는 뜻이다. 그러나이 낱말에는 "to become less crowded, close together, or full" 또는 "to make (a liquid) less thick by adding water or some other liquid to it"라는 뜻도 있다. 특히 사람의 머리카락을 가리킬 때는 "to become less thick as more hairs fall out over time", 즉 나이가 들면서 머리카락이 빠져 성글어진다는 의미로 사용한다. 그러므로 "thinning hair"의 'thin'이라는 동사는 머리카락이 '가늘다'라는 형용사와는 전혀 다르다. 이렇게 아무리 쉬운 낱말이라도 사전에 나오는 지시적 뜻만 가지고서는 제대로 번역할 수 없다. 이 문장을 제대로 이해하려면 영어 어법에 대한 이해가 무엇보다도 먼저 선행되어야 한다. 물론 번역자는 이 번역이 문제가 되자 뒷날 다른 번역본을 참고하여 "머리숱도 줄어드는"이라는 표현으로 슬쩍 바꾸었다.

내용의 충실도라는 관점에서 보면 위 인용문의 다른 번역 문장도 문제가 될 수 있다. 예의 그 번역자는 마지막 문장을 "서른이 되었다는 무시무시한 타격은 그녀의 손길 아래에서 위안을 얻었다"로 옮겼다. 앞에서 지적했듯이 번역하기 힘든 거추장스러운 잔가지를 모두 쳐내고 대충 뜻만 옮기다면 그렇게 번역해도 큰 무리는 없을지 모른다. 그렇게 번역하는 방식을 번역 이론이나 번역학에서는 '축소 번역'이라고 부른다. 원천 텍스트의 내용을 간추려 옮겨서는 작가가 원문에서 구사하는 문체의 맛을 제대로 느낄 수 없다는 것은 불을 보듯 뻔하다.

그 번역자는 두 번째 문장을 "그녀는 데이지와는 달리 너무 현명해서 까맣게 잊어버린 꿈들을 해를 넘겨서까지 간직할 사람은 아니었다"로 옮겼다. 'from age to age'는 '해를 넘겨서까지'와는 조금 다르다. 그렇게 번역하면 자칫 해당 해에 해결할 문제를 그 해를 넘겨서까지 끌고 갔다는 뜻으로 읽힐 수 있기 때문이다. 'wise'도 번역자가 옮긴 '현명한'보다는 '똑똑한'이나 '머리가 잘 돌아가는' 정도로 옮기는 쪽이 훨씬 더 이해하기 쉽다.

더구나 한국어에서는 인칭대명사가 유난히 발달한 서양어처럼 대명사를 그렇게 많이 사용하지 않는다. 자칫 혼란을 초래할 수 있기 때문이다. '그녀는'보다는 '조던'이라고 번역하는 것이 좋다. 그러므로 두 번째 문장은 "내 옆에는 데이지와는 달리 깨끗이 잊힌 꿈을 해를 묵혀 가면 간직하기에는 너무 똑똑한 여자인 조던이 앉아 있었다"로 옮기면 그 뜻이 훨씬 분명하고 원문에도 훨씬 가깝다.

문제가 있기는 세 번째 문장도 마찬가지다. 번역자는 "어두운 다리를 지날 때에 그녀가 내 윗옷 어깨 위로 나른하게 머리를 기대왔다"로 옮겼다. 원문에서 'her wan face'는 온데간데없고 대신 '머리'가 등장할 뿐이다. 데이지의 성격을 이해하는 데 빈혈기 있는 듯한 조던의 '창백한 얼굴'도 놓쳐서는 안 될 중요한 요소다.

세 번째 문장에서는 무엇보다 먼저 '무시무시한 타격'이라는 번역이 눈에 거슬린다. 총과 대포를 쏘며 전쟁을 하는 것도 아닌데 이 표현은 너무 살벌하여 30대에 접어들면서 닉이 느끼는 아쉬움이나 실망을 표현하는 데는 역부족이다. 이 문장의 감칠맛은 다름 아닌 대조법에 있다. 문장 앞쪽의 'stroke'는 뒤쪽의 'pressure'와 묘한 대조를 이루고, 문장 앞쪽의 'formidable'은 문장 뒤쪽의 'reassuring'과 흥미로운 대조를 이룬다.

더구나 원문의 'died away'를 그냥 '위안을 얻었다'로 얼버무려서는 본뜻 놓치기 쉽다. 이 원문 표현은 오늘 서른 살 생일을 맞아 아쉽게도 20대가 영원히 사라졌다는 아쉬움과 관련되어 있다. 될 수 있으면 '사라졌다'는 동사를 살려 옮기는 것이 좋다. 세 번째 문장은 "그녀는 창백한 얼굴을 내 윗옷 어깨에 나른하게 기댔고, 위안을 주는 그녀의 손길이 느껴지자 서른 살이 되었다는 엄청난 충격도 사라지고 말았다"로 옮기는 쪽이 훨씬 더 적절할 것이다.

　　서른 살—고독의 십 년을 기약하는 나이, 독신자의 수가 점점 줄어드는 아니, 야심이라는 서류 가방도 점점 얄팍해지는 나이, 머리카락도 점점 줄어드는 나이가 아닌가. 그러나 내 옆에는 데이지와는 달리 깨끗이 잊힌 꿈을 해를 묵혀 가면 간직하기에는 너무 똑똑한 여자인 조던이 앉아 있었다. 어두운 다리 위를 지나고 있을 때 그녀는 창백한 얼굴을 내 윗옷 어깨에 나른하게 기댔고, 위안을 주는 그녀의 손길이 느껴지나 서른 살이 되었다는 엄청난 충격도 사라지고 말았다.

　　지금까지 예로 든 것보다 훨씬 더 심각한 오역을 『위대한 개츠비』 3장에서 찾아볼 수 있다. 톰과 데이지의 집에서 프로 골프 선수인 조던 베이커를 처음 만난 닉 캐러웨이는 그녀와 점차 사이가 가까워진다. 그는 조던이 "구제할 수 없을 정도로 부정직한" 여성이라는 사실을 알면서도 프로 골프 챔피언이라는 사실에 적잖이 우쭐한 기분이 든다. 하루는 두 사람이 맨해튼 북쪽에 위치한 워릭에서 벌어지는 파티에 참석하려고 자동차를 타고 간다.

Her grey, sun-strained eyes stared straight ahead, but she had deliberately shifted our relations, and for a moment I thought I loved her. But I am slow thinking and full of interior rules that act as brakes on my desires, and I knew that first I had to get myself definitely out of that tangle back home.

태양빛에 지친 그녀의 회색 눈동자는 앞만 보고 있었다. 그러나 조금 전 그녀는 슬쩍 우리 관계를 격상시킨 것이었고, 그 때문에 나는 잠깐 동안 그녀를 사랑한다고 믿었다. 그러나 곰곰이 생각하기 시작하자 내면의 모든 규칙들이 내 욕망에 브레이크를 걸었다. 나는 우선 이런 혼란스러운 상황에서 나 자신을 구출해 집으로 돌려보내야 한다는 것을 깨달았다.

원문 다음에 인용한 번역문은 지금까지 언급해 온 번역자가 옮긴 것이다. 그는 첫 문장에서 부사 'deliberately'를 '슬쩍'으로 번역하였지만 '의도적으로'로 옮기는 쪽이 더 정확하다. '슬쩍'을 원천어로 거꾸로 번역해 보면 그 의미가 훨씬 분명하게 드러난다. 'stealthily', 'furtively', 'secretly', 'nimbly' 등이 될 것이고, 이 낱말들은 원천 텍스트의

'deliberately'와는 어감이 적잖이 다를 뿐 아니라 어떤 의미에서는 반대 뜻이 되기도 한다. 번역 이론가들이나 학자들은 번역해 놓은 특정 낱말이나 구절 또는 문장이 의심이 들 때는 역번역(逆飜譯)을 시도해 볼 것을 권한다. 역번역은 수학의 역산(逆算)과 같은 기능을 하여 어색한 곳이나 잘못된 곳을 깨닫게 해 주기 때문이다.

'슬쩍'이라는 낱말 뒤에 오는 구절도 그렇게 썩 잘된 번역이라고 보기 어렵다. 영어 동사 'shift'는 어떤 위치나 상태를 바꾸는 동작을 말한다. 그러니까 위 인용문에서는 조던 베이커가 화자 닉 캐러웨이와의 관계를 친구 관계에서 좀 더 연인의 관계로 바꾸어 놓았다는 뜻이다. 의미로 보자면 '격상시켰다'고 할 수 있지만 이 번역은 아무래도 과잉 번역의 혐의에서 벗어나기 어렵다. 여기서 작가가 굳이 'change'라는 낱말 대신에 'shift'라는 낱말을 사용한다는 점을 찬찬히 눈여겨보아야 한다. 지금 두 작중인물은 자동차를 타고 파티장에 가고 있기 때문에 피츠제럴드는 일부러 두 사람의 관계를 자동차의 기어 변속에 빗대어 말하는 것이다. 피츠제럴드는 이 장면 말고도 작품 전체에 걸쳐 자동차에 상징적 의미를 부여한다.

두 번째 문장 "곰곰이 생각하기 시작하자"도 문제가 있기는 마찬가지다. 'slow thinking'을 '곰곰이 생각하다'로 번역하면 의역의 수준을 넘어 오역에 가깝다. 신중하게 곰곰이 생각한다기보다는 생각이 굼뜬 것을 가리키는 표현이기 때문이다. 'slow-witted'처럼 두뇌의 활동이나 감각 따위가 우둔하거나 미련한 상태를 일컫는 말이다. 그 다음 구절 "내면의 모든 규칙들이 내 욕망에 브레이크를 걸었다"도 아무리 비유적 표현을 구사했다고 하여도 한국어 어법에는 그렇게 썩 잘 들어맞지 않는다. "full of" 같은 구절이나 관계대명사 같은 거추장스러운 것을 모두 빼버리고 의미만 살려 번역한 것까지는 크게 문제가 될 것이 없을지 모른다. 그러나 "규칙들이 (…중략…) 브레이크를 걸었다"는 번역은 지나치게 영어 번역투 문장이라고 아니할 수 없다. 물론 번역투 문장에 익숙한 젊은 독자들 사이에서는 통할지 모르지만, 적어도 모국어를 갈고 닦는다는 의미에서 이러한 번역투 문장은 될 수 있으면 피하는 것이 바람직하다.

세 번째 문장은 더더욱 졸역이나 오역이라는 혐의를 벗기 어렵다. "혼란스러운 상황에서 나 자신을 구출해"라는 표현도 영어를 서툴게 번역해 놓은 문장이다. 문장에서 주어가 하는 동작이나 주어의 목적어가 바로 주어 자신과 관계될 때 이를 나타내려고 쓰는 인칭대명사가 바로 재귀대명사다. 그런데 한국어에서는 이러한 용법으로 사용하는 대명사가 없기 때문에 흔히 '자신'이나 '자체'라는 명사를 해당 인칭대명사와 함께 써서 나타낸다. 그러므로 원천 텍스트의 "get myself definitely out of that tangle"이라는 구절은 "혼란스러운 상황에서 나 자신을 구출한다"로 번역하기보다는 "(내가) 혼란스러운 상황에서 빠져나온다"로 번역하는 쪽이 훨씬 더 한국어답고 자연스럽다.

더구나 "집으로 돌려보내야 한다는 것을 깨달았다"는 구절은 누가 보아도 오역이다. 혼란스러운 상황에서 자신을 구출하여 집으로 돌려보낸다면 닉 캐러웨이는 뉴욕시를 떠나 중서부에 있는 고향으로 돌아간다는 뜻이 된다. 1차 세계 대전이 끝난 뒤 유럽은 경제 공황에 시달리고 있었지만, 미국은 그 어느 때보다 경제적으로 호황을 누리고 있었다. 세계적인 상업 중심지 뉴욕에서 증권업과 채권업에서 성공하려고 이 대도시에 도착한 닉은 아직 그 꿈에 부풀어 있을 뿐 고향에 돌아갈 생각은 조금도 없다. 물론 작품 결말 부분에서 개츠비가 조지 윌슨에게 살해되고 난 뒤 닉은 도덕적으로 타락한 동부 생활에 크게 환멸을 느끼고 아직 청교도 정신이 살아 숨 쉬는 고향으로 돌아간다.

더구나 "back home"이란 "(나 자신을 구출해) 집으로 돌려보낸다"는 뜻이 아니라 단순히 '고향에서'나 '고향집에서'를 뜻하는 부사구다. 웬만한 영어 사전을 보아도 "back home"은 "in my country"로 풀이해 놓는다. 'home'에 굳이

'back'을 덧붙이는 것은 지리적으로나 시간적으로 멀리 떨어져 있기 때문이다. 이 "back home"이라는 말은 아련한 향수를 불러일으키기 때문에 영어 노래 중에는 이 제목을 붙인 노래가 무척 많다. 미네소타주 같은 중서부 지방 출신인 닉은 뉴욕에 오기 전 고향에서 어느 여성과 사귀고 있었다. 그런데도 그는 그녀와의 관계를 깨끗하게 청산하지 않은 채 그냥 뉴욕에 왔던 것이다.

지금까지 별다른 감정 없이 만나던 조던에 처음으로 애정 비슷한 감정을 느끼기 시작한 닉은 조던과의 관계를 유지하려면 무엇보다도 먼저 고향에 두고 온 여자 친구와의 관계를 말끔히 청산해야 한다고 생각한다. 그만큼 그는 도덕적으로 엄격한 인물이다. 작품 첫머리에서 닉은 "나는 이 세계가 제복을 차려입고 있기를, 말하자면 영원히 '도덕적 차렷' 자세를 취하고 있기를 바랐다"고 말하는 것은 그 때문이다. 그래서 그는 비유적으로 "욕망에 브레이크를 건다"고 말하는 것이다. 닉은 육체적 욕망에 따르기보다는 내면에서 들리는 양심의 목소리에 귀를 기울이며 도덕이나 윤리에 어긋난다 싶으면 언제나 제동을 거는 성실한 인물이다.

앞에서 일본에서 『위대한 개츠비』의 번역은 노자키 다카시와 무라카미 하루키의 번역이 유명하다는 것을 언급하였다. 비교적 의역을 시도한 하루키도 위 인용문의 마지막 구

절을 "나 자신을 구출해 집으로 돌려보내야 한다"라고는 번역하지 않았다. 그 대신 하루키는 "그리고 어쨌든 고향에 남겨놓고 온 속박을 깨끗하게 정리해야 한다(そして何はともあれ,故郷に残してきたしがらみをまずきれいにしておかなくてはならない)"로 의역하였다. 위에 인용한 원천 텍스트를 목표어인 한국어에 맞게 번역한다면 아마 다음과 같이 될 것이다.

뜨거운 햇빛에 긴장한 그녀의 잿빛 눈은 곧장 앞을 바라보고 있었지만 그녀는 의도적으로 우리의 관계를 변화시켰다. 잠깐 동안 나는 그녀를 사랑한다고 생각했다. 하지만 나는 생각이 느린 데다가 욕망에 브레이크를 거는 내면의 규칙도 많이 지니고 있었다. 무엇보다도 먼저 고향에서 있었던 연애 사건에서 확실히 빠져나오는 것이 급선무라는 것을 잘 알고 있었다.

번역가는 음악 연주가처럼 후천적으로 기술을 갈고 닦아야 하지만 때로는 직관이나 본능이 작용하는 경우도 더러 있다. 원천 텍스트의 표층 구조 밑에 숨어 있는 심층 구조를 파악하는 것은 논리보다는 직관이나 본능이 더 많이 작용하기 때문이다. 가령 노엄 촘스키가 변형문법을 설명하면서 예로 든 "Flying planes can be dangerous"라는 문장을 한 예로 들어보자. "하늘을 나는 비행기는 위험하다"로 번역할 것인가, 아니면 "비행기를 타는 것은 위험하다"로 번역할 것인가 하는 것은 번역가의 직관적 판단에 달려 있다.

이번에는 한 어머니가 어린 아들 톰에게 "Tom, go over the road and see how old Mrs Jones is"라고 말하는 장면을 예로 들어보기로 하자. 길거리에 나갔다가 돌아온 조니는 어머니에게 "존슨 부인이 엄마더러 '남의 일에 상관하지 말라'고 하셨어요"라고 대답하였다. 존슨 부인은 톰이 나이를 묻는 것으로 받아들였던 것이다.

그러나 막상 조니의 어머니는 그저 존슨 노부인이 요즈음 어떻게 지내는지 안부를 묻고 싶었을 뿐이다. 이렇게 의도와 관계없이 오해를 불러일으킨 것은 "how old Mrs Jones is"에서 'how old~'로 해석할 것이냐, 아니면 'old Mrs Jones'로 해석할 것이냐 하는 데서 비롯한다. 이렇게 특정한 상황에 따라 서로 다른 의미로 해석할 수 있는 애매한 문장을 번역할 때 번역가는 세심한 주의를 기울이지 않으면 자칫 오역할 가능성이 크다.

그레고리 라바사는 가브리엘 가르시아 마르케스의 작품 『백년의 고독』(1967)을 영어로 옮긴 번역가로 유명하다. 쿠바의 이민자 가족에서 태어난 그는 컬럼비아대학교와 퀸즈대학에서 오랫동안 번역의 이론과 실제를 가르쳤다. 그런데 라바사는 그동안 번역가로서 겪은 애환을 기록한 『만약 이것이 배반이라면』(2005)이라는 책을 출간하여 화제가 된 적이 있다. '번역과 그 불만'이라는 부제를 붙인 이 책에서 그는 번역이란 자동차를 운전할 때 강아지 한 마리가 갑자기 골목에서 뛰쳐나와 차에 달려드는 것을 발견하고 운전자가 자신도 모르게 본능적으로 브레이크를 밟는 것과 비슷하다고 지적한다. 참으로 적절한 비유가 아닐 수 없다. 하늘을 나는 비행기가 위험한 것인지, 비행기 타는 것이 위험한 것인지, 아니면 할머니의 나이를 묻는 것인지, 그녀의 안부를 묻는 것인지 판단하는 것은 논리보다는 직관이나 본능에 가깝다.

번역도 이와 크게 다르지 않아서 원천 텍스트를 읽는 순간 직감적으로 그 뜻을 파악해야 한다. 물론 두 번 세 번 읽어야 비로소 그 의미를 파악할 수 있는 경우도 없지 않지만 대개는 첫눈에 그 뜻이 들어와야 좋은 번역이 된다. "back home"을 "get myself"에 연관시키지 않고 "that tangle"과 연관 짓는 힘은 논리보다는 어디까지나 직관이나 본능에서 비롯한다. 번역에서 직관이나 본능이라는 말이 어울리지 않는다면 대신 '언어 감각'이라는 말을 사용하여도 좋을 것이다. 이 언어 감각이 뛰어난 사람이 좀 더 훌륭한 번역가가 될 수 있음은 새삼 말할 나위가 없을 것이다.

포크너 작품의 오역

　F. 스콧 피츠제럴드의 작품에 비해 윌리엄 포크너의 작품은 번역하기가 훨씬 더 까다롭다. 번역은커녕 웬만한 영문 문해력이 있는 독자라도 포크너의 작품을 읽어 내기가 쉽지 않다. 미국 남부 지방 특유의 사투리를 구사하는 데다 의식의 흐름이나 내면 독백 같은 모더니즘 기법을 즐겨 사용하기 때문이다. 문장 하나가 한 쪽에서 두 쪽으로 넘어가는 경우도 있다. 예를 들어 포크너는 『압살롬, 압살롬!』 (1936)에서 1,287낱말로 된 한 문장을 써서 관심을 끌었다. 한국문학에서는 박태원(朴泰遠)이 중편소설 「소설가 구보씨의 일일」(1938)에서 통상적 문장보다 훨씬 긴 치렁치렁한 문장을 구사한 것으로 유명하다. 물론 이 두 작가는 제임스 조이스의 『율리시스』(1922)로부터 받은 영향이 자못 크다. 조이스는 이 소설의 결말에서 한 문장에 무려 4,391낱말을 사용하여 한 문장을 40여 쪽에 담았다. 포크너는 긴 문장을 사용할뿐더러 난해한 문장을 구사하므로 번역자에게는 난공불락(難攻不落)의 작가로 통한다.

　포크너의 작품 중에서 단편소설 「헛간, 불태우다」는 영어권 독자는 말할 것도 없고 한국과 일본 독자들에게도 가

버지니아대학교 방문교수 시절의 윌리엄 포크너.

장 널리 알려진 작품 중 하나다. 피츠제럴드와 관련하여 앞에 언급한 무라카미 하루키가 같은 제목으로 작품을 썼고, 이창동(李滄東) 감독도 하루키와 포크너의 작품에서 힌트를 얻어 영화 〈버닝〉을 만들었다. 그런데 한 번역가는 이 작품의 첫 장면을 다음과 같이 옮겼다.

치안판사가 주재하는 재판이 열리고 있는 가게 안에는 치즈 냄새가 피어오르고 있었다. 물건들이 빼곡하게 들어찬 가게 뒤편에서 자신의 못통을 깔고 앉아 있던 소년은 치즈 냄새와 그 밖의 많은 냄새들이 콧속으로 스며들고 있음을 깨달았다. 그가 앉아 있는 곳에서는 견고하고 땅딸막하고 기운차 보이는 통조림들이 쌓여 있는 선반이 보였다. 통조림의 상표를 읽어낸 것은 그의 위장이었다. 그의 머리에 그것은 그저 아무 의미 없는 글자에 불과했지만 그의 위장에 그것은 <u>매운 양념에 재운 새빨간 불고기</u>였고, 은빛 곡선을 가진 물고기였다.

The store in which the Justice of the Peace's court was sitting smelled of cheese. The boy, crouched on his nail keg at the back of the <u>crowded</u> room, knew he smelled cheese, and more: from where he sat he could see the ranked shelves close-packed with the <u>solid, squat, dynamic shapes</u> of tin cans whose labels his stomach read, not from the lettering which meant nothing to his mind but from the <u>scarlet devils</u> and the silver curve of fish.

포크너 특유의 만연체 문장이라서 의미 단위를 기반으로 몇 문장으로 나누어 번역할 수밖에 없다. 첫 번째 밑줄 친 문장에서 "crowded"는 물건들이 빼곡하게 들어찼다기보다는 아무래도 구경꾼들이 가게 안에 들어찬 것으로 보는 것이 타당할 것이다. 이렇다 할 구경거리가 없는 남부 시골 마을 사람들에게 순회 재판은 구경거리일 수밖에 없기 때문이다. 원고 해리스 씨가 피고 애브너 스놉스의 막내아들 커널 존 사토리스를 증인으로 부르자 소년은 자리에서 일어나 판사가 있는 곳으로 걸어간다. 그때 구경꾼들의 얼굴이 험상궂은 표정을 지으며 "오솔길처럼 양쪽으로 갈라졌다"고 묘사하는 것을 보면 더더욱 그러한 생각이 든다. 선반에 빼곡히 올려놓은 통조림을 수식하는 "견고하고 땅딸막하고 기운 차 보이는"이라는 구절도 조금 어색하다. 주석 통조림을 땅딸막하고 다부지게 생긴 활동가에 빗대는 표현이다.

이보다 더욱 문제가 되는 것은 세 번째 밑줄 친 구절 "scarlet devils"의 번역이다. 번역자는 이 표현을 "매운 양념에 재운 새빨간 불고기"로 옮겼다. 이 번역을 읽노라면 마치 새빨간 고추장으로 양념한 돼지불고기를 떠올리게 된다. 그러나 뒤에 나오는 "은빛 곡선의 물고기"와 대조되는 "악마처럼 보이는 진홍빛 동물", 즉 돼지고기 같은 육류를 진공 처리해 놓은 통조림을 가리킨다. 배가 몹시 고픈 소년은 지금 통조림통에 붙어 있는 라벨을 두뇌가 아니라 위(胃)로써 읽어 내고 있다.

피고를 기소할 만큼 충분한 혐의점을 찾지 못한 치안판사는 마침내 피고 애브너 스놉스에게 마을을 영원히 떠나가라는 판결을 내린다. 앞에 언급한 번역자는 스놉스가 가게를 나서는 장면을 이렇게 옮긴다.

아버지가 돌아섰다. 소년은 뻣정다리로 걸어 나가는 그 강인한 남자의 검정 코트를 따라, 30년 전 남부 연합 소속 헌병대 <u>초병이 말을 훔친 남자의 발뒤꿈치에 머스킷 총탄을 박아 넣었던 그곳을</u> 떠났다.

His father turned, and he followed the stiff black coat, <u>the wiry figure walking a little stiffly from where a Confederate provost's man's musket ball had taken him in the heel</u> on a stolen horse thirty years ago, followed the two backs now

소년의 아버지 애브너 스놉스가 남부군 소속 헌병 초병이 머스킷 총탄을 쏘아 박아 놓은 '그곳'을 떠났다는 것은 분명한 오역이다. 이 번역을 읽는 독자들은 남북전쟁 때 총탄이 박힌 가게를 떠나가는 것으로 오해할 것이다. 그러나 총탄이 박힌 것은 재판이 열린 가게가 아니라 애브너 스놉스의 발뒤꿈치다. 전쟁 중 스놉스는 남부군의 말을 훔쳐 파는 말 도둑이었다. 그러므로 밑줄 친 문장은 "그 강인한 사내는, 30년 전 훔친 말을 탄 그의 발뒤꿈치에 남부 연방 헌병대 초병이 머스킷 총탄을 발사해서 생긴 부상으로 조금 뻣뻣하게 걷고 있었다"로 번역해야 한다.

이러한 졸역이나 오역은 포크너의 단편소설 중에서 가장 널리 알려진 「에밀리에게 장미를」에서도 쉽게 볼 수 있다. 한 번역자는 이 작품의 첫 장면을 이렇게 번역하였다.

정사각형의 그 하얀 목조 주택은 둥근 지붕과 첨탑과 소용돌이 모양의 발코니가 무척이나 우아한 17세기풍 저택으로, 그 집이 서 있는 곳은 한때는 우리 마을에서 가장 고급스러운 주택가였다. 하지만 차량 정비소와 조면기가 밀어닥치면서 이웃의 위엄 어린 명패들은 하나둘 사라졌고, 마침내 에밀리 양의 집만 목화를 실어 나르는 마차의 급유 펌프들 사이로 고집스럽고 요염한 몰락을 드러내며 흉물 중의 흉물로 남게 되었다.

It was a big, squarish frame house that had once been white, decorated with cupolas and spires and scrolled balconies in the heavily lightsome style of the seventies, set on what had once been our most select street. But garages and cotton gins had encroached and obliterated even the august names of that neighborhood; only Miss Emily's house was left, lifting its stubborn and coquettish decay above the cotton wagons and the gasoline pumps — an eyesore among eyesores.

첫 문장 "정사각형의 그 하얀 목조 주택"은 엄밀히 말하면 정확한 번역은 아니다. 'squarish'란 정사각형이라기보다는 단독 주택이 흔히 그러하듯이 그냥 '네모난' 모습이라는 의미다. 주인공 에밀리 그리어슨의 저택이 옛날에는 한때 흰 페인트를 칠하여 희게 보였지만 지금은 페인트가 벗겨지고 퇴색하여 누렇게 되었다는 것을 암시하므로 '하얀 목조 주택'으로 옮겨서는 원문의 본뜻을 살려내기 어렵다. 「에밀리에게 장미를」에서 특히 이 단락은 정확히 번역해야 한다. 포크너는 퇴락한 주택을 결혼도 하지 않은 채 외부와 단절하고 살다가 사망한 주인공의 삶과 내면세계뿐 아니라 남북전쟁 이전의 옛 남부 귀족 계급의 몰락을 보여 주는 중요한 상징으로 사용하기 때문이다

더구나 "style of the seventies"를 "17세기풍 저택으로"로 번역한 것은 명백한 오역이다. 여기서 'seventies'라는 표현은 17세기(seventeenth century)라는 뜻이 아니라 1870년대를 가리킨다. 에밀리의 저택은 1870년대 남부 지방에 유행하던 바로크풍의 건축 양식으로 지었다. 1870년대라면 남부가 남북전쟁에 패한 뒤 전쟁의 상처를 치유하고 폐허를 다시 건

설하는 '재건 시대'였다. 또한 "이 웃의 위엄 어린 명패들"도 그 뜻을 헤아리기 쉽지 않다. 이 표현은 "근처의 명문가들"을 가리킨다. 그런가 하면 "마차의 급유 펌프들"도 그 뜻을 헤아리기 어려운 것은 마찬가지다. 말이 끄는 마차인데 휘발유를 사용할 리 없기 때문이다.

「에밀리에게 장미를」이 수록된 포크너의 첫 단편집 『이 13편』.

제퍼슨 읍의회 위원들은 에밀리에게 세금 고지서를 보내고 아무런 반응이 없자 마침내 에밀리의 집을 방문하기에 이른다. 에밀리는 문가에 서서 그들의 방문을 받는다.

그녀는 그들에게 앉으라고 권하지 않았다. 그러는 동안 그들은 금목걸이 끝에 달려 있는, 허리띠 안에 감춰져 보이지는 않는 시계의 째각거리는 소리를 들을 수 있었다.

She did not ask them to sit. She just stood in the door and listened quietly until the spokesman came to a stumbling halt. Then they could hear the invisible watch ticking at the end of the gold chain.

번역문만 보아서는 에밀리가 서 있는지 앉아 있는지 도무지 알 수 없다. 그러나 원문에는 그녀가 문가에 서 있다고 분명하게 밝힌다. 대표자가 더듬거리며 말을 끝낼 때까지 에밀리가 서서 조용히 듣고만 있었다는 내용도 누락되어 있다. 그러나 이보다 더욱 문제가 되는 것은 번역자가 갑자기 금목걸이를 언급한다는 점이다. 원문을 아무리 샅샅이 읽어 보아도 어디에서도 금목걸이에 대한 언급은 없다. 번역자는 아마 "gold chain"을 금목걸이로 착각한 것 같다. 그것은 금목걸이가 아니라 금 시곗줄이다. 시계는 보이지 않지만 금 시곗줄 끝에서 째깍째깍하는 소리가 들리는 것이다. 에밀리의 허리까지 내려오다가 벨트에서 사라지는 가느다란 금 시곗줄은 그녀의 퇴락한 저택과 마찬가지로 그녀에게 물리적 시간은 이렇다 할 의미가 없다는 것을 보여 주는 더할 나위 없이 좋은 상징이다.

헤밍웨이 작품의 오역

어니스트 헤밍웨이 작품 번역을 둘러싼 번역 문제도 F.

스콧 피츠제럴드나 윌리엄 포크너 작품 번역 못지않게 심각하다. 이른바 '하드보일드 스타일'을 구사하는 헤밍웨이의 작품은 읽기에도 쉽고 번역하기도 쉽다고 생각하는 사람들이 의외로 많다. 그러나 전보문처럼 압축적인 그의 문체는 마치 산문시와 비슷하여 제대로 이해하여 번역하기란 그렇게 녹록하지 않다. 이번에는 오역이나 졸역이 어떻게 하여 생기는지 유형별로 그 사례를 살펴보기로 하자.

첫 번째는 정확한 문맥에 따라 낱말을 제대로 번역하지 못하는 데서 생기는 오역이나 졸역이다. 『무기여 잘 있어라』(1929)에서 주인공이요 서술 화자인 프레더릭 헨리는 이탈

서재에서 신문과 잡지를 읽고 있는 어니스트 헤밍웨이.

리아 군대에서 탈영한 친구 집에 들러 옷을 빌려 입고 애인 캐서린을 만나려고 밀라노로 향한다. 이 장면에서 그는 "In civilian clothes I felt a masquerader. I had been in uniform a long time and I missed the feeling of being held by your clothes"라고 말한다.

현재 시중에 판매되고 있는 한 한국어 번역본에는 "양복으로 갈아입고 보니, 나는 가장 무도회라도 가는 사람 같은 느낌이 들었다. 오랫동안 군복만 입고 있었으므로, 평복을 입었을 때의 느낌을 잊어버리고 말았다"고 옮겨놓았다. 첫 문장에서 "양복을 갈아입고 보니……"는 "사복으로 갈아입으니……"로 옮기는 쪽이 더 정확하다. 'civilian clothes'는 그 다음 문장에서 쓰인 'uniform'과 대조되는 낱말로 제복이 아닌 사복을 뜻한다. 또한 "I missed the feeling of being held by your clothes"에서 'your clothes'란 평소에 입던 옷을 말한다. 오랫동안 군복만 입고 생활해 온 탓에 사복으로 갈아입으니 평소 입던 옷 같은 기분이 들지 않았다는 뜻이다.

헤밍웨이 번역본 중에는 구어적 표현이나 반어법을 잘못 해석한 데서 비롯된 오역이나 졸역도 엿볼 수 있다. 예를 들어 「어떤 일의 끝」이라는 단편소설에서 주인공 닉 애덤스는 호튼베이에서 그동안 사귀던 마저리에게 결별을 선언한

다. 결별을 선언하기 전 두 사람은 전처럼 낚시질로 고기를
잡는다.

Nick looked at her fish.

"You don't want to take the ventral fin out," he said.
"It'll be all right for bait but it's better with the ventral
fin in."

He hooked each of the skinned perch through the tail.

한 번역본에는 마저리에게 하는 닉의 말을 "넌 배지느러
미를 빼내고 싶지 않을걸"로 번역하였다. 그러나 밑줄 친 부
분에서 'You'는 '너'나 '당신'이 아니라 일반적인 사람을 가
리키는 표현이므로 굳이 번역할 필요가 없다. 또한 'don't
want'는 단순히 무슨 일을 하고 싶지 않다는 뜻보다는 '~하
지 않는 편이 좋다'나 '~하지 않아도 된다', '~해서는 안 된
다'에 가까운 표현이다. 그러므로 "넌 배지느러미를 빼내고
싶지 않을걸"로 옮기는 쪽보다는 "배지느러미는 빼내지 않
는 게 좋아"로 옮기는 쪽이 적절한 번역이다.

이번에는 속어 같은 구어적 표현이나 반어법을 제대로
이해하지 못하는 데서 생기는 오역이나 졸역의 예를 들어보
자. 다음은 권투경기와 도박과 음모를 다룬 단편소설 「5만

달러」에서 서술 화자 '나'가 잭을 두고 솔저와 주고받는 대화다.

> "He's nervous and crabby," I said. "He's a good fellow, Soldier."
>
> "The hell he is. <u>The hell he's ever been a good fellow</u>."
>
> "Well," I said, "so long, Soldier." The train had come in. He climbed up with his bag.

한 번역본에서는 "He's a good fellow, Soldier"를 "그 사람은 좋은 친구야"로 번역하였다. 솔저가 화자의 말을 받아 대답하는 두 문장은 "좋은 놈이지. 언제나 좋은 놈이고말고"로 옮겨놓았다. 솔저가 두 번 반복하여 말하는 "The hell somebody is/does"는 상대방이 방금 한 말이나 행동을 믿을 수 없다고 강조하여 말하는 구어적 표현이다. 그러므로 좀 더 정확한 번역은 "빌어먹을, 좋은 놈이긴 뭐가 좋은 놈이야"가 될 것이다. 이렇게 속어나 반어법의 의미를 제대로 파악하지 못하여 오역하는 경우는 다음 예문에서 좀 더 뚜렷이 드러난다. 다음은 역시 「5만 달러」에서 서술 화자 '나'와 잭이 주고받는 대화다.

"It's a nice day," I said. "It's pretty nice out in the country."

"I'd a damn sight rather be in town with the wife."

"Well, you only got another week."

"Yes," Jack says. "That's so."

위 인용문에서 문제가 되는 부분은 밑줄 친 'a damn sight'이라는 구절이다. 명사나 부사로 사용되는 이 구어적 표현은 양이나 수가 많은 것을 가리키는 'a large amount', 'a lot', 'a great deal'을 뜻한다. 그런데도 한 번역본에는 "마누라와 함께 시내에 있지도 못하고 이까짓 경치나 보고 있다니"로 옮겼다. 그 번역자는 속어적 의미를 모른 채 'sight'를 경치나 구경거리로 받아들였다. "난 마누라와 함께 시내에 있는 게 훨씬 좋겠어"로 옮기는 쪽이 훨씬 적절하다.

이러한 예는 같은 단편소설의 다른 장면에서도 찾아볼 수 있다. 앞의 문장을 오역한 번역자는 "You'll be a damn sight sicker when Walcott gets through with you"라는 문장도 "월컷한테 지고 나면 눈도 뜨기 싫어지겠는데"라고 오역하였다. 여기서 "a damn sight sicker"를 하필 왜 눈도 뜨기 싫어진다고 옮겼는지 알 수 없다. "월컷한테 지고 나면 지금보다 훨씬 더 울화가 치밀게 될걸"로 번역해야 맞다.

헤밍웨이 작품의 한국어 번역에는 원문의 관용어를 이해하지 못한 채 축어적으로 번역하여 생긴 오역이나 졸역도 더러 있다. 가령 『누구를 위하여 종은 울리나』(1940) 2장에서 화가 난 안셀모 영감이 카스티야 방언으로 파블로를 나무라는 장면은 이 경우를 보여 주는 좋은 예로 꼽을 만하다.

"Now we come for something of consummate importance and thee, with thy dwelling place to be undisturbed, <u>puts thy fox-hole before the interests of humanity</u>. Before the interests of thy people. I this and that in the this and that of thy father. I this and that and that in thy this. Pick up that bag."

위 인용문의 첫 문장을 옮긴 한 번역자는 "네 놈이 사는 곳을 조금도 건드리지 않고, 네놈이 사는 여우 굴을 인도주의 이익 앞에다 드러내놓는 게다"로 번역하였다. 전반부는 문제가 없지만 후반부는 무슨 의미인지 선뜻 이해가 가지 않는다. "여우 굴을 인도주의 이익 앞에다 드러내놓는" 것이란 도대체 무엇을 두고 말하는 것일까? "네놈은 사는 곳을 조금도 건드리지 않은 채 인도주의의 이익보다 네놈의 여우 굴을 더 소중하게 생각하는구나"로 옮겼더라면 훨씬 더 쉽게 이해되었을 것이다. 'put A before B'라고 하면 B보다 A를 더 중요하게 생각한다는 뜻의 관용어다.

한편 문법을 제대로 이해하지 못하여 비롯하는 오역이나 졸역도 있다. 『무기여 잘 있어라』(1929)에서 프레더릭 헨리가 캐서린 바클리를 처음 만나 데이트하는 장면이 나온다. 서술 화자요 주인공인

어니스트 헤밍웨이의 대표작 『누구를 위하여 종은 울리나』 1940년 초판본.

프레더릭은 "I was experiencing the masculine difficulty of making love very long standing up"이라고 말한다. 이 작품의 한 번역본에는 "남자의 본성으로 연애의 모든 것을 오랫동안 맡겨두는 것이 안 좋았고 참을 수 없었기 때문이다"라고 옮겨놓는다. 연애의 모든 것을 맡겨둔다는 것이 도대체 무슨 의미일까?

프레더릭처럼 젊고 성적(性的)으로 왕성한 성인 남성이라면 오랫동안 서서 젊은 여성과 데이트하는 데 흔히 생리적으로 어려움을 겪는다. 구체적으로 말하자면 그는 지금 성적으로 흥분되어 있어 서 있기가 여간 거북스럽지 않다. 프레더릭은 지금 이성과의 정신적 교감에는 관심이 없고 오

직 육체적 사랑에만 관심이 있을 뿐이다. 그러므로 위 원문은 "나는 지금 남성들이 오래 서서 연애할 때 겪는 그 어려움을 겪고 있었다"로 옮겨야 한다.

문법 문제와 관련하여 이번에는 『누구를 위하여 종은 울리나』(1940)에서 한 예를 들어보자. 2장에서 미국인 로버트 조던은 스페인 내전이 일어나자 프란시스코 프랑코의 파시스트에 맞서 공화파에서 비정규병으로 활약한다. 다이너마이트 기술자인 그는 소비에트 장군으로부터 반파시스트 게릴라군의 도움을 받아 다리를 폭파하라는 명령을 받는다. 로버트는 안셀모 영감의 안내로 산악의 동굴에 기거하며 게릴라로 활약하는 파블로 부부와 그들의 일행을 만난다. 다음은 로버트가 파블로의 아내 필라르를 처음 만나는 장면이다.

Robert Jordan saw a woman of about fifty almost as big as Pablo, almost as wide as she was tall, in black peasant skirt and waist, with heavy wool socks on heavy legs, black rope-soled shoes and a brown face like a model for a granite monument.

국내에서 판매되는 한 번역본의 역자는 "로버트 조던이

처다보니 50줄에 들어선, 키나 몸집이 파블로 못지않게 거의 비슷한 비대한 여장부 하나가 서 있었다"로 옮겼다. 그런데 이 번역은 "as big as Pablo"와 "as wide as she was tall"에서 'as A as B'의 문법을 제대로 이해하지 못하여 생긴 어처구니없는 오역이다. 영문법에서는 '동등 비교' 또는 '원급 비교'라고 부르는 것으로 동일한 수준이나 정도를 나타낼 때 주로 사용한다. 헤밍웨이는 필라르의 키를 남편 파블로와 비교하지만, 몸집은 남편이 아닌 그녀 자신과 비교한다. 즉 그녀는 키가 파블로와 거의 맞먹을 만큼 크지만, 몸집은 그녀의 키에 맞먹을 것만큼 크다는 뜻이다. 다시 말해서 키인지 몸통인지, 길이인지 폭인지 구별되지 않을 정도로 뚱뚱하다는 사실을 과장하여 하는 말이다. 위 인용문을 제대로 번역한다면 "로버트 조던이 처다보니 쉰 정도 되고 파블로만큼이나 몸집이 큰 여자 하나가 서 있었다. 몸통인지 키인지 구별되지 않았다"가 될 것이다.

헤밍웨이의 번역본에는 외국어와 관련된 부분도 더러 있다. 가령 『무기여 잘 있어라』에서 프레더릭 헨리와 캐서린은 스위스로 무사히 도피한 뒤 잠시 목가적인 생활을 한다. 서술 화자는 "We walked in the town and took the cogwheel railway down to Ouchy and walked beside the lake"라고 말한다. 그런데 한국의 한 번역본에는 "우리는 거리를 산책하

기도 하고 우시까지 치륜식(齒輪式) 철도로 내려간 다음 호숫가를 거닐기도 했다"로 번역되어 있다. '치륜식 철도'란 'は めば齒車'라고 하여 일본에서 사용하는 표현으로 한국에서는 사용하지 않는다. 한국어에서는 '맞물리는 톱니바퀴'나 '물림 기어'라는 말을 사용한다. 그렇다면 위 원문은 "우리는 시내를 거닐기도 하고 톱니바퀴 궤도철도를 타고 우시까지 가서 호숫가를 산책하기도 했다"로 옮겨야 할 것이다.

한편 아예 원문의 외국어를 잘못 이해하여 번역한 경우도 있다. 『태양은 다시 떠오른다』(1926)에서 주인공 제이크 반스는 로버트 콘을 비롯한 친구들과 함께 투우 경기를 관람하려고 스페인 여행을 떠난다. 일행은 묵고 있던 호텔을 나와 광장을 가로질러 이루냐 카페로 걸어간다. 광장에는 투우 경기 입장권을 판매하는 판매소의 문은 닫혀 있지만 창문에는 큼직한 스페인어로 아래와 같은 내용이 적혀 있다.

We went down the stairs and out of the door and walked across the square toward the café Iruña. There were two lonely looking ticket-houses standing in the square. Their windows, marked SOL, SOL Y SOMBRA, and SOMBRA, were shut. They would not open until the day before the fiesta.

한 번역본에서는 "'태양', '태양과 그림자', '그림자'라는 창들은 닫혀 있었다"로 옮겨놓았다. 스페인어를 직역해 놓은 탓에 입장권 판매소의 간판이 무슨 뜻인지 헤아리기 쉽지 않다. 'SOL'은 햇볕이 내리쬐는 노천 좌석을 말하고, 'SOL Y SOMBRA'는 햇볕과 그늘이 반반씩인 좌석을 말하며, 'SOMBRA'는 아예 햇볕이 들지 않는 시원한 그늘 좌석을 말한다. 세 유형의 좌석 중 어떠한 좌석을 구입하느냐에 따라 입장권의 가격이 달라진다. 그러므로 위 인용문의 마지막 문장은 "'햇볕이 드는 좌석', '햇볕과 그늘이 드는 좌석', '그늘 좌석'이라고 쓴 창구가 모두 닫혀 있었다"로 옮겨야 한다.

다른 언어권의 문학을 자국의 언어로 번역한다는 것은 그렇게 쉬운 일이 아니다. 하물며 언어 계통이 전혀 다른 서양어로 쓴 작품을 한국어로 번역하기란 더더욱 어렵다. 그래서 번역 연구나 이론에서는 '완벽한' 번역이란 없다고 말한다. '전부 아니면 전무'라는 원칙이나 전략은 번역에서는 미덕이 될 수 없다. 만약 완벽한 번역이 없다면 '차선의' 번역을 얻도록 노력해야 할 것이다.

3

속담의 성차별과 젠더 번역

마르틴 하이데거는 일찍이 "언어는 존재의 집이며 인간은 이 집 안에 거주한다"고 말하였다. 그의 말대로 인간이 언어의 집에 머무는 존재라면 아마 인간의 삶에서 언어만큼 중요한 것도 없을 것이다. 실제로 인간은 언어로써 말하고 언어로써 생각하고 언어로써 판단하고 언어로써 결정한다. 인간의 의식과 관련한 행위는 하나같이 이렇게 언어를 떠나서는 도저히 생각할 수 없다. 에드워드 서피어나 벤저민 워프의 지적처럼 언어가 생각이나 사고를 결정하든, 이와는 반대로 H. 폴 그라이스의 주장대로 생각이나 사고가 언어를 결정하든, 아니면 도널드 데이비드슨의 이론처럼 언어와 생각이 상호작용을 하든 언어와 인간의 사고는 떼려야 뗄 수 없을 만큼 서로 깊이 연관되어 있다. 그렇다면 하이데거의 말을 조금 바꾸어 언어는 '존재의 집' 못지않게 '사고의 집'이라고 하여도 크게 틀리지 않을 것이다.

속담은 인간의 사고와 아주 밀접하게 관련되어 있다. 오랜 세월을 두고 한 세대에서 다른 세대로 민간에 전해 내려온 속담은 한 민족의 사고를 비롯하여 경험이나 지식 등을 간직하고 있어 가히 그 민족의 집단 무의식의 창고라고 할 만하다. 특히 속담은 마치 고생대 식물의 모습을 고스란히 간직하고 있는 화석처럼 한 민족이 오랫동안 간직해 온 가치관이나 세계관을 담고 있다. 일상성, 대중성, 관습성, 상징성을 바탕으로 오랜 세월에 거쳐 정착된 속담은 좁게는 한 민족, 더 넓게는 인류의 삶과 관련한 지혜를 전달한다.

어원에서 보면 '속담'은 귀족과 구분되는 민중을 뜻하는 '속(俗)'과 이야기를 뜻하는 '담(談)'이 결합한 말이다. 민중 사이에서 입에서 입으로 전해 내려온 말이라는 뜻이다. 현대 중국어에서 속담을 민간에서 일상적[常]으로 쓰는 말[言]이라고 하여 '창옌(常言)'이라고 한다. 한편 일본에서는 고토와자(諺)라고 하여 본디 민간의 언어, 즉 일상어를 뜻하는 말로 쓰였다. '언문(諺文)'이라는 낱말도 세종대왕이 조선의 일상어를 적기 위하여 창제한 문자라는 뜻이다.

적어도 이 점에서는 영어 'proverb'도 동양 문화권과 크게 다르지 않아서 앞쪽을 뜻하는 라틴어 '프로(pro)'와 언어를 뜻하는 '베르비움(verbium)'을 결합하여 만든 말이다. '언어 이전의 표현'이라는 뜻으로 해석이 필요한 수수께끼 같은 말이나 신비로운 말을 의미한다. 구약성경에서 「잠언」은 머리말에 "지혜와 훈계를 알게 하며, 그 행동을 훈계하도록 하고, 어리석은 자와 젊은 자에게 지식과 근신함을 주고, 잠언과 비유와 지혜 있는 자의 말과 그 오묘함을 깨닫도록 한다"(1장 2~5절)고 기록하고 있다.

영국의 대법관이자 철학자요 과학자로 흔히 '과학혁명의 아버지'로 일컫는 프랜시스 베이컨은 일찍이 "한 민족의 속담에서는 그 민족의 소질과 위트와 정신을 발견할 수 있다"고 지적하였다. 속담은 경구적으로 길이가 짧고 위트와 유머가 들어 있어 글을 읽고 쓸 줄 아는 사람들뿐 아니라 글을 읽을 줄도 쓸 줄도 모르는 사람들에게도 널리 쓰인다. 그러므로 한 민족의 가치관을 쉽게 이해하려면 무엇보다도 먼저 그 민족이 사용해 온 속담을 비롯하여 격언이나 금언 등을 찬찬히 살펴보아야 한다.

한 민족이나 문화권의 성차별을 알아차리거나 깨닫는데는 언어를 살펴보아야 하고, 언어 중에서도 속담을 살펴보는 것보다 더 좋은 방법은 없다. 여기에서 '성차별'이란 두말할 나위 없이 남성 중심의 가부장제 사회에서 남성이 여성을 무시하거나 폄하함으로써 여성을 지배하거나 종속

시키려는 태도를 말한다. 속담을 통하여 남성은 자연스럽게 여성의 지배나 종속을 영구화하거나 좀 더 강화하려고 한다. 여러 언어 사용 중에서도 특히 속담은 쉽고 경구적이고 비유적이어서 어린이들의 사회화 과정에도 크게 이바지한다. 그러고 보니 언어란 궁극적으로 삶의 실재를 거울처럼 '비추어' 내는 것에 그치지 않고 더 나아가 망치처럼 삶의 실재를 '만들어' 내기도 한다.

속담에 나타난 성차별을 살피기에 앞서 언어 일반에 나타나는 성차별 문제를 잠깐 짚고 넘어가기로 하자. 이러한 현상은 비단 한국어에만 그치지 않고 비록 정도의 차이는 있을망정 모든 언어에 두루 나타난다. 언어의 성차별을 누구보다도 먼저 깨닫고 제기한 사람은 다름 아닌 페미니즘 언어학자들이다. 그들은 남성 중심의 가부장적 언어가 사회 제도뿐 아니라 언어에서도 엿볼 수 있다고 주장한다. 몇몇 서양과는 달리 문법성(文法性)이 없는 한국어에서조차 "기독교인의 형제애"니 "자식이 많다"니 하는 표현을 자주 사용한다. 엄밀히 말해서 '자식(子息)'과 '형제(兄弟)'는 남성으로 여성을 포함하지만, '여식(女息)'이나 '자매(姉妹)'는 오직 여성만을 가리킬 뿐이다.

페미니즘 언어학자들이 주장하는 성차별 중 하나가 바로 젠더 유표성(有表性)이다. 예를 들어 그냥 '장관'이나 '작가'라고 하면 될 것을 굳이 '여성'이라는 관을 씌워 '여성 장관'이나 '여성 작가'라고 표시한다. 이러한 예는 '여순경', '여교사', '여검사', '여성 노벨상 수상자', '여성 우주비행사', '여성 택시기사' 등 열 손가락으로도 모자라 헤아리지 못할 정도다. 이 분야에 일하는 사람 중 남성이 여성보다 월등히 많아서 생겨난 결과다. 이와는 반대로 수치상 흔히 여성이 월등히 많은 간호사, 유치원 교사, 산파, 모델 등은 '남'자를 앞에 붙인다. 그러나 2022년 교육부에서 발표한 통계 자료에 따르면 초등학교의 여교사 비율은 무려 77퍼센트, 중학교 여교사 비율은 76.4퍼센트, 고등학교 여교사 비율은 64.2퍼센트로 나타났다. 전국의 초중고교 가운데 무려 107곳은 남성 교사가 단 한 명도 없는 것으로 나타났다.

사정이 이렇다 보니 여성을 그냥 '교사'로 부르고 남성을 '남교사'로 유표화해야 하는 단계에 이르렀다. 그런데도 '여교사'라는 용어가 여전히 자연스럽게 쓰이는 것을 보면 그만큼 언어에 나타난 남성중심주의가 얼마나 뿌리 깊은지 알 수 있다. 이렇듯 남성은 표준·기준·규범으로 흔히 간주되는 반면, 여성은 그러한 것에서 벗어난 존재, 즉 이차적이거나 주변적인 존재로 간주되기 일쑤다.

일상어에 나타나는 이러한 성차별 현상은 속담에서도 그대로 드러난다. 그런데 속담의 성차별은 흔히 생물학적 결정론에 근거를 두는 것이 의외로 많다. 개체의 모든 행동을 유전 형질의 관점에서 파악하는 생물학적 결정론에서는 개체의 육체는 말할 것도 없고 정신, 성격, 감정, 더 나아가 사상까지도 유전자에 따라 이미 결정되어 있다고 주장한다. 다시 말해서 남성이 여성을 열등한 존재로 보고 차별하는 근거는 여성이 신체적으로 남성과는 다르기 때문이라는 것이다.

그러나 프랑스 페미니즘의 대모요 페미니즘의 두 번째 물결을 일으킨 시몬 드 보부아르는 일찍이 이러한 생물학적 결정론에 쐐기를 박았다. 이제는 이 분야에서 고전이 되다시피 한 책 『제2의 성』(1949)에서 그녀는 "여성은 태어나는 것이 아니라 만들어지는 것이다"라는 그 유명한 명제를 내세운다. 그녀에 따르면, 남성의 '타자(他者)'라고 할 여성은 남성 중심의 가부장제 사회가 자신들의 지배력을 계속 유지하거나 확장하려고 의도적으로 만든 사회적 산물에 지나지 않는다.

바꾸어 말해서 우리가 흔히 알고 있는 여성의 특성은 생득적인 것이라기보다는 후천적으로 학습한 결과다. 페미니스트들이 '섹스

현대 페미니즘 운동에 이정표를 세운 시몬 드 보부아르.

(sex)'와 '젠더(gender)'를 굳이 엄밀히 구분 지어 사용할 것을 주장하는 까닭이 바로 여기에 있다. 전자는 생물학적 개념으로 불가역적이지만, 후자는 어디까지나 사회적·문화적 개념으로 얼마든지 바꿀 수 있기 때문이다. 한국의 정부 여러 부처 중 여성가족부가 그 존폐 여부를 두고 요즈음 적잖이 논란이 되고 있다. 그런데 여성가족부의 영어 명칭이 'Ministry of Gender Equality and Family'라는 사실을 알고 있는 사람은 그다지 많지 않을 것 같다. 이 영어 명칭을 역역(逆譯)한다면 '젠더평등가족부'가 될 것이다. 한국 정부에서는 그만큼 여성의 사회적·문화적 차별의 벽을 허무는 데 관심을 두고 있음을 알 수 있다.

암탉의 은유적 의미

그런데 성차별의 유무나 정도는 문화권에 따라 서로 적잖이 차이가 난다. 그래서 한 민족이나 문화의 성차별이 다른 민족이나 문화권의 성차별과 어떻게 다른지 알아보려면 속담을 서로 비교해 보는 것만큼 좋은 곳도 없다. 다시 말해서 속담은 성차별의 정도를 테스트하는 리트머스 시험지와 같다.

오랫동안 유교 질서의 영향을 받은 한국에서 여성에 대한 차별은 남존여비(男尊女卑)나 여필종부(女必從夫) 또는 부창부수(夫唱婦隨)라는 용어에서 가장 뚜렷하게 엿볼 수 있다. 남성을 존중하고 여성을 낮추어야 한다든지, 아내는 지아비의 말이나 뜻을 따라야 한다든지, 아내는 남편이 하는 일을 그대로 따라야 한다든지 하는 생각은 남성 중심의 유교 질서가 말들어낸 신화다. 일찍이 19세기 말엽 탈아입구(脫亞入歐)를 부르짖은 후쿠자와 유키치(福澤諭吉)를 비롯한 몇몇 학자들이 왜 '공자(孔子)가 죽어야 나라가 산다'고 외쳤는지 그 이유를 알 만하다. 유가적 질서는 공자가 살던 기원전 6세기에는 잘 맞는 옷이었을지 몰라도 4차 산업혁명 시대를 향하여 나아가는 21세기 사회에는 잘 맞지 않는다.

예로부터 남성이 여성을 지배와 종속의 대상으로 삼으려는 태도는 "암탉이 울면 집안이 망한다"는 속담에서 단적으로 엿볼 수 있다. 이 속담에서 암탉은 한 집안의 우두머리 여성, 즉 가사를 책임지고 있는 가정주부를 가리키는 은유다. 한편 수탉은 집안의 우두머리, 즉 가장을 가리킨다. 그렇다면 병아리를 비롯한 작은 닭들은 자식에 해당한다.

한편 한국어의 '암탉'과는 달리 영어에서 'hen'은 조금 다른 의미로 사용한다. 이 영어 낱말은 특히 결혼 직전의 여성들만의 파티를 뜻하는 'hen party'나 'hen night'처럼 넓게는 젊은 여성을 가리키지만 좀 더 좁게는 "야단법석을 떨고 수다스러운 중년 여성"을 경멸적으로 가리킨다. 한국에서는 젊은 아가씨를 가리키는 속어인 '영계'라는 낱말에 오히려 경멸적인 의미가 담겨 있는 것이 흥미롭다. 어린 닭이라는 '연계(軟鷄)'에서 비롯한 영계는 '영계백숙'이라고 할 때도 사용하지만 남성들 사이에서는 주로 나이 어린 여성을 가리키는 속어로 흔히 사용한다. 영어 'chick'은 젊은 아가씨를 가리키는 속어일 뿐 경멸적인 의미가 한국어처럼 그렇게 강하지 않고 또 성적 의미를 함축하고 있지도 않다.

중국과 조선에서 그동안 여성을 억압하는 이데올로기로 작용한 "암탉이 울면 집안이 망한다"는 속담은 암탉이 새벽에 울지 않는다는 사실에 기반을 둔다. 실제로 우렁차게 소리 내어 새벽을 알리며 우는 것은 암탉이 아니라 수탉이다. 어떤 생물학적 특성 때문인지는 몰라도 암탉은 알을 낳고 나서 잠깐 '꼬꼬댁'하고 소리를 내는 정도일 뿐 수탉처럼 크게 소리를 내어 울지는 않는다. 그래서 새벽에 암탉이 우는 것은 정상적 질서를 깨뜨리는 것이 된다. 만약 암탉이 새벽에 크게 소리를 내어 울었다면 그것은 정상이 아닌 이변일 것이다. 옛날 사람들은 이변이 일어나면 집안은 말할 것도 없고 사회와 국가가 위태롭게 될 것이라고 믿었다. 여기에서 '운다'는 것은 소리를 내는 행동, 좀 더 구체적으로 말해서 가족의 구성원들에게 이런저런 명령을 내리는 행동을 말한다.

이 속담에는 남성 가장이 집안을 좌지우지해야 제대로 집안이 유지되지 만약 여성이 집안을 이끌고 가면 그 집안은 망할 수밖에 없다는 메시지가 담겨 있다. 이때 '집안'은 단순히 가정에 그치지 않고 넓은 의미로 사회, 좀 더 넓은 의미로는 국가를 일컫는다. '수신제가치국평천하(修身齊家治國平天下)'의 유교 질서에서 두 번째 항목인 '가'를 가리킨다.

이 말을 영어 문화권에서는 이 표현을 번역할 때 흔히 '수신'과 '평천하'를 빼고 "The strength of a nation derives from the integrity of the home"으로 옮긴다. 군이 로마가톨릭교회와 개신교를 가르지 않고 서방 기독교에서 교부로 존경받는 인물인 성(聖) 아우구스티누스도 사회의 평화는 가정의 평화에 달려 있다고 역설하였다. 사회나 국가를 언급할 때도 그는 가정이나 집안의 비유를 즐겨 사용하였다. 가령 그는 "희망이라는 아버지한테는 아리따운 딸이 둘 있는데 한 딸의 이름은 '분노'이고, 다른 딸의 이름은 '용기'다"라고 말한 적이 있다. 동양에서나 서양에서 가정의 화목과 행복을 사회와 국가의 안녕과 질서의 주춧돌로 삼았음을 알 수 있다.

이렇게 동양 문화권에서 특히 암탉이 '우는' 것을 경계하는 것은 바로 유교를 떠받들고 있는 원리라고 할 음양의 법칙을 깨뜨리기 때문이다. 음양의 법칙이 깨지면 혼란이 일어날 수밖에 없다. 임금과 신하, 아버지와 아들, 그리고 남편과 아내는 하나같이 양과 음의 관계에 있다. 신하가 임금위에, 아들이 아버지 위에, 그리고 아내가 남편 위에 군림하는 것은 곧 음양의 원리가 뒤바뀐 것으로 재앙의 원인이 된다. 여성이 집안에서 군림하게 되면 집안이 망하지만, 국가의 정치에 간섭하게 되면 궁극적으로는 국가를 위태롭게 한다. 제나라 경공(景公)이 정치에 대해 묻자 공자(孔子)는 "임금은 임금답고, 신하는 신하다워야 하며, 아버지는 아버지답고, 아들은 아들다워야 한다(君君臣臣父父子子)"고 대답하였다. 정명론(正名論)을 뒷받침하는 대표적인 구절로 사람들이 각자 주어진 이름, 즉 맡은 본분에 충실함으로써 조화롭고 안정된 세상을 만들 수 있다는 주장이다.

"암탉이 울면 집안이 망한다"는 속담은 중국 유교의 경전인 사서삼경 가운데 하나요 5경 가운데 하나로 중국에서 가장 오래된 역사서로 꼽히는 『서경』에서 유래한다. 목서편(牧誓篇)에 나오는 '빈계지신(牝鷄之晨)'이라는 고사성어가 바로 그것이다. 은나라의 주왕(紂王)은 절세미인인 달기(妲己)에게 빠져 그녀의 말이라면 무조건 모두 들어주었다. 왕이 이렇게 달기에 빠져 정사를 제대로 돌보지 않자 전국에서

반란이 잇따랐다. 이 같은 혼란을 틈타 주나라 무왕이 은나라를 공격하였다. 무왕은 병사 3,000명을 이끌고 은나라를 향해 진군하며 이렇게 외쳤다. "옛사람이 말하기를 암탉은 새벽에 울지 않는다. 암탉이 울면 집안이 망하는 법이다(故有言曰 牝鷄無晨 牝鷄之晨 惟家之索)." 두말할 나위 없이 여기에서 암탉이란 달기를 일컫는 말이다.

"암탉이 울면 집안이 망한다"는 한국 속담도 그 뿌리를 거슬러 올라가면 결국에는 『서경』과 만나게 된다. 더구나 한국에서는 이 암탉과 관련한 속담은 김부식(金富軾)의 『삼국사기』에서도 찾아볼 수 있다. 신라사에 관한 부분에서 김부식이 자주 사용하는 '암탉'이라는 표현은 『서경』의 '빈계지신'과 연관되어 있음이 틀림없다. 그는 신라의 첫 번째 여왕 선덕여왕이 신라를 망하게 하는 데 이바지했다는 것을 은근히 내비친다.

이렇게 영특하다는 사실을 강조하면서도 진덕여왕에 비교하여 선덕여왕에 대한 김부식의 평이 그렇게 좋지 않은 것은 아마 한국사에서 맨 처음으로 여왕으로 등극했기 때문일 것이다. 김부식이 이렇게 선덕여왕을 '암탉'에 빗대어 낮추어 부르는 것은 어쩌면 중국의 영향 때문이었는지도 모른다. 당나라 황제였던 태종 이세민(李世民)은 선덕여왕을 '암탉'으로 일컬었다. 여성의 권리가 취약했던 중국에서는 아직 여제 무측천(武則天)이 등장하기 전이어서 그런지 신라에서 여왕이 취임하는 것을 그렇게 달갑게 생각하지 않았다.

여성이 집안에서 군림하는 것이나 정치에 참여하는 것을 비유적으로 일컫는 '빈계지신'이 성차별의 담론으로 자리 잡기 시작한 것은 한대 이후로 알려져 있다. 유향(劉向)과 경방(京房) 그리고 반고(班固) 등의 해석이 뒷날 이 담론을 유포하는 데 가장 큰 영향을 끼쳤다. 한대는 중국 역사에서 그 어느 때보다도 외척의 정치 참여가 두드러져 외척의 힘이 무척 센 시기였다. 장정해(張貞海)에 따르면, 전한 말기에는 왕황후(王皇后)를 비롯한 왕씨 일족이 정치의 실권을 장악하여 황권은 그야말로 유명무실한 상황이었다. 이러한 정치적 현실은 결국 한나라가 멸망하는 원인 가운데 하나가 되었음은 두말할 나위가 없다.

앞에서 잠깐 언급한 사서삼경의 하나인 『대학』에 나오는 "수신제가치국평천하"라는 구절도 언어의 성차별과 관련시켜 보면 그 의미가 새롭다. 먼저 자신의 심신을 닦고 가정을 바르게 한 다음 나라를 다스리고 천하를 평정하라는 뜻이다. 여기에서 이러한 일련의 행동을 하는 주체는 여성이 아니라 어디까지나 남성이다. 이 경우 아무리 눈을 씻고 보아도 여성의 역할을 찾아볼 수 없다. 여성이 아닌 남성이 무엇보다도 먼저 가정을 바르게 한다는 것은 집안의 우두머리로서 집안을 지배하고 통치해야 한다는 말이다. 언뜻 보면 가치중립적인 말처럼 보일지 모르지만 이 표현에도 서슬 퍼런 가부장 질서가 도사리고 있다.

남존여비와 관련한 속담은 비록 표현 방법은 조금씩 달라도 한국·중국·일본의 동아시아 세 나라에서도 공통적으로 찾아볼 수 있다. 중국의 "牝鷄之晨 惟家之索"을 한국과 일본에서도 똑같은 표현으로 사용하는 것이 무척 흥미롭다. 한국에서 "암탉이 울면 집안이 망한다"고 말하듯이 일본에서도 한국과 마찬가지로 "雌鳥歌えば家滅ぶ"라고 말한다. 글자 그대로 "암탉이 노래하면 집안이 망한다"는 뜻이다. 여기에서 암탉이 소리 내는 것을 '우는' 것으로 표현하느냐, '노래하는' 것으로 표기하느냐 하는 것은 그렇게 중요한 문제가 아니다.

암탉에 관한 서양 속담

서양에서도 "암탉이 운다"는 말은 그동안 여성의 사회 참여를 가리키는 은유적 표현으로 자주 사용해 왔다. 가령 미국의 여성사 학자 실비아 D. 호퍼트는 『암탉이 울 때』(1995)라는 책을 출간하여 큰 관심을 끌었다. '남북전쟁 이

전 여권 운동'이라는 부제에서도 엿볼 수 있듯이 이 책에서 그녀는 연설문, 팸플릿, 소책자, 신문 기사, 사설 등을 면밀히 분석함으로써 19세기 중엽 이전 미국에서 어떻게 여성들이 남성중심주의에 반기를 들었는지 다룬다.

호퍼트가 이 책의 제목을 군이 '암탉이 울 때'로 삼은 것은 1852년《뉴욕 데일리 헤럴드》가 이 무렵 여성 운동을 이끄는 지도자들을 다름 아닌 "우는 암탉"으로 묘사했기 때문이다. 허퍼트는 "당시 저널리스트들이 여권 주창자들을 우는 암탉이라고 제안함으로써 그들에게 굴욕을 주고 미국 사회에서 여성의 위치를 개선시키려는 그들의 노력을 얕잡아 보려고 했다"고 지적한다. 그렇다면 서양에서도 암탉은 여성, 암탉이 우는 행위는 여성의 사회 활동과 연관시켰다고 볼 수 있다.

이렇듯 동양과 마찬가지로 영국이나 프랑스 같은 서양에서도 남존여비 사상을 나타내는 표현이 있다. 가령 영어만 하더라도 "암탉이 울면 집안이 망한다"는 속담은 다음과 같이 다양하게 표현한다.

① "It goes ill with the house where the hen sings and the cock is silent."

② "There is little peace in that house where the hen

crows and the cock is mute."

③ "It is a sad house when the hen crows louder than the cock."

④ "It is a sad house when the hen crows loudest."

항목 ①에서는 암탉이 울거나 노래를 부르는 반면 수탉이 침묵을 지키고 있는 것이 흥미롭다. 불필요한 말을 덧붙인다는 점에서 췌언법(贅言法)이나 용어법(冗言法)에 해당한다. 항목 ②는 항목 ①의 의미를 좀 더 구체적으로 풀어서 말한 것이다. 즉 집안에서 남성(바깥주인) 대신에 여성(안주인)이 군림하면 그 집에는 좀처럼 평화가 없다는 뜻이다. 항목 ③에서는 암탉과 수탉이 모두 소리를 내되 암탉이 수탉보다 좀 더 크게 소리를 낸다고 말한다. 'loudest'라는 최상급을 사용하는 항목 ④는 'louder'라는 비교급을 사용하는 항목 ③을 조금 변형한 것에 지나지 않는다. 이 중에서 항목 ③과 항목 ④가 영어 문화권에서 가장 널리 사용되고 있다. 마지막 이 두 속담은 영어 문화권 지역 중에서도 스코틀랜드에서 맨 처음 사용한 것으로 알려져 있다.

한편 "암탉이 울면 집안이 망한다"는 한국 속담은 영어 문화권뿐만 아니라 프랑스에서도 찾아볼 수 있다. 그러나 영어 속담과는 형식이나 의미에서 조금 다르다.

① "Une poule qui chante le coq, et une fille qui jiffle, portent malheur dans la maison."

② "La maison est misérable et méchante ou la poule haut que le coq chant."

③ "La poule ne doit pas chanter devant le coq."

항목 ①은 수탉처럼 크게 우는 암탉과 촐랑대거나 안절부절못하는 여자는 집안에 불행을 가져온다는 뜻이다. '암탉'이라는 은유만 가지고 여성을 나타내지 않고 동시에 여성을 직접 언급하여 속담에서 흔히 느끼는 시적 긴장감은 떨어진다. 항목 ②는 암탉이 수탉보다 더 크게 우는 집안은 비참하고 형편없다는 뜻이다. 이 속담에서는 여성을 직접 언급하고 있지는 않지만 집안의 사정을 좀 더 구체적으로 설명한다. 한편 항목 ③에서는 암탉은 수탉 앞에서 울면 안 된다는 뜻이다. 암탉은 만약 수탉이 앞이 아닌 자리에서는 울어도 괜찮다는 뜻이 함축되어 있을 뿐 그 결과에 대해서는 이렇다 하게 언급하고 있지 않다. 이렇게 집안이 어떻게 된다고 명시적으로 언급하지 않는다는 점에서 항목 ③은 "수탉이라면 소리 내어 울고, 암탉이라면 알을 낳아라"라는 페르시아 속담과 비슷하다.

잘 알려진 것처럼 수탉은 어느 문화권보다도 프랑스에서 각별한 의미가 있다. 프랑스 민족의 모태가 되는 갈리아족의 '갈리아'는 라틴어 '갈루스(Gallus)'에서 파생되었다. 그런데 이 라틴어는 갈리아족뿐 아니라 수탉을 가리키는 말이었다. 실제로 고고학자들이 발굴한 갈리아족의 화폐에는 수탉이 새겨져 있다. 중세기에 잠시 사라진 수탉은 14세기에 이르러 다시 나타나기 시작하여 판화 등에서 사용되었다. 그러다가 프랑스 대혁명 시기에 이르러 수탉은 프랑스의 국가적 상징으로 널리 사용되기 시작하였다. 수탉이 프랑스를 상징하는 가금(家禽)이라는 사실을 염두에 둘 때 이 속담은 다른 나라와는 또 다른 각별한 의미가 있다.

같은 로망스어 계통의 문화권에 속하지만 이탈리아와 스페인 그리고 포르투갈에서는 "암탉이 울면 집안이 망한다"는 속담을 프랑스와는 조금 다르게 표현한다. 즉 이탈리아에서는 "암탉이 울고 수탉이 조용한 집에는 평화가 없다"고 말한다. 암탉이 울면 불행을 가져온다느니 집안이 비참해진다느니 하는 것보다는 그 의미가 조금 약화되었다고 볼 수 있다. 스페인에서는 이보다 좀 더 에둘러 "여성이 군림할 때는 악마가 지배한다"고 말한다. 악마가 지배한다는 말도 집안이 제대로 잘 돌아가지 않고 재앙이 일어난다는 뜻이다. 한편 포르투갈에서는 "집에 머무는 암탉이 모이를 주워

먹는다"라고 말한다.

여기서 한 가지 찬찬히 눈여겨보아야 할 것은 유럽의 속담은 동아시아 세 나라의 속담과 비교해 볼 때 강도가 조금 약하다는 점이다. 동아시아 세 나라에서는 남성보다 여성이 군림하면 아예 집안이 멸망한다고 경고한다. 그러나 영어 속담에서는 집안이 망한다는 의미의 강도를 조금 낮추어 "집안이 좋지 않게 된다"느니 "집안이 잘 돌아가지 않는다"느니 하고 에둘러 말한다. 영어 'ill'이나 'sad'라는 형용사와 비교해 볼 때 중국의 "다[素]하다"나 한국 속담의 "망(亡)하다"나 일본어 속담 "멸(滅)하다"는 동사는 그 의미가 훨씬 강하다. 이를 달리 바꾸어 말하면 여성을 낮추고 남성을 높이는 남존여비 사상이 서양보다는 동양이 훨씬 더 심하다는 것이 된다.

앞에서 이미 언급했듯이 남존여비나 여필종부 또는 부창부수의 이데올로기를 서양보다 한국을 비롯한 동아시아 국가들이 유독 강조하는 것은 두말할 나위 없이 유교나 유가 사상의 영향 때문이다. 더러 예외가 없는 것은 아니지만 유교나 유가의 집은 본질적으로 남성 중심의 가부장적 질서의 토대 위에 서 있다. 그렇기 때문에 유교나 유가 전통은 동아시아에 성차별의 이데올로기를 정립하고 전파하는 데 그야말로 결정적인 역할을 해 왔다.

잘 알려진 바와 같이 공자는 여성을 여간 무시하지 않았다. 공자가 어느 날 태산에서 노닐다가 영계기(榮啓期)를 만났다. 거지와 다름없는 행색으로 거문고를 타며 노래 부르는 그에게 공자가 "선생이 즐거워하는 까닭이 무엇입니까?"라고 물었다. 그러자 영계기는 "나는 즐거움이 매우 많습니다. 하늘이 만물을 만들 때 오로지 사람만 귀히 했는데 나는 사람이 될 수 있었으니 그것이 첫 번째 즐거움입니다. 또한 남존여비인데 나는 이미 남자의 몸을 얻었으니 그것이 두 번째 즐거움입니다"라고 대답하였다. 공자를 이러한 영계기를 "스스로 깨친 사람[自覺者]"이라고 치켜세웠다. 더구나 공자는 여자와 어린아이를 싸잡아 군자(君子)의 반열에 오를 수 없다고 잘라 말하였다. "여자는 가까이하게 되면 불손해지고, 멀리하면 원망을 사기 때문에 다루기 힘들다"고 말하였다.

한국어의 여성 지칭어와 호칭어

"암탉이 울면 집안이 망한다"는 속담에서도 볼 수 있듯이 암탉(여성)은 집안(가정)과는 떼려야 뗄 수 없이 깊이 관련되어 있다. 그러나 남성이 중심이 되는 가부장 질서에서 여성은 집안에서 오직 부차적인 위치를 차지하고 있거나 보조적인 역할을 할 뿐 아니라 더 나아가 아예 집 밖에 나가지 말고 집 안에만 머물러 있어야 한다고 가르친다. "계집은 [밖으로] 돌면 못 쓰고, 그릇은 [밖으로] 돌리면 깨진다"라든지, "물 사발하고 여자는 울타리 밖에 두지 마라"라든지 하는 속담에는 여성을 집안에 가두어 두려는 저의가 깔려 있다. 여성은 집 안에만 머물러 있어야 하지 집 밖으로 나돌아서는 안 된다는 가부장 이데올로기를 담고 있다.

이러한 남성 본위의 태도는 남편이 자신의 배우자를 부를 때 사용하는 용어에서도 좀 더 쉽게 엿볼 수 있다. 예를 들어 한국에서 남편이 남에게 자기 배우자를 소개할 때 흔히 사용하는 용어에는 '아내'를 비롯하여 '집사람', '안사람', '안주인', '내자', '지어미', '여편네', '마누라', '가시' 등이 있다. '아내'라는 말은 본디 '안해'로 안[內]을 뜻하는 '안'과 누구를 부를 때 사용하는 접미사 '해'가 결합한 것이다.

불과 몇십 년 전만 하여도 '안해'라는 말을 쉽게 듣고 볼 수 있었다. '아내'를 가리키는 '안해'는 일제 강점기까지만 하여도 널리 쓰였다. 오늘날도 북한과 연변에서는 아직도 널리 쓰인다. 김유정(金裕貞)의 단편소설 중에 「안해」라는 작품이 있다. 그런데 이 작품은 "우리 마누라는 누가 보던지 뭐 이쁘다고는 안할 것이다. 바루 게집에 환장된 놈이 있다면 모르거니와. 나도 일상 같이 지내긴 하나 아무리 잘 고처보아도 요만치도 이쁘지 않다. 허지만 게집이 낯짝이 이뻐 맛이냐. 제기할 황소같은 아들만 줄대 잘 빠처 놓으면 고만이지"로 시작한다. 이 문장에는 서슬 퍼런 남성중심주의가 도사리고 있다. 김유정이 이 작품을 발표한 것이 1935년이다. 김유정이 「안해」를 발표한 지 1년 뒤 이상(李箱)은 단편소설 「날개」에서 다분히 자폐적인 1인칭 서술 화자요 주인공인 '나'와 '안해'에 관한 이야기를 다룬다.

'안사람'이나 '안주인'도 '안해(아내)'처럼 주로 집 안에 머물러 있는 사람이라는 의미가 강하다. 다만 '바깥주인'의 반대말에 해당하는 '안주인'은 가치중립적인 '안사람'보다는 배우자를 꽤 높여서 부르는 표현이다. '집사람'은 '안사람'처럼 주로 집 밖이 아닌 집 안에 머물러 있는 사람이라는 뜻이다. 그러므로 이 경우 접두사 '집'이나 '안'은 여성을 가리키는 환유적 의미로 쓰인다.

'내자(內子)'는 토착어인 '안사람'이나 '집사람'을 한자어로 표현하는 말로 한자어가 흔히 그러하듯이 화자가 좀 더 세련되고 유식하다는 함의를 지닌다. 베이징(北京)에서 출간된 『대한문사전(大漢文辭典)』에도 이 '내자'라는 말이 나오는데 높은 벼슬아치의 본처라고 풀이되어 있다. 또 이러한 일차적 뜻 다음에는 자기 아내나 남의 아내를 일컫는 말이라고 풀이되어 있기도 하다.

한편 '지어미', '마누라', '여편네' 등은 남편이 자기 배우자를 낮추어 부르거나 무시하여 부를 때 주로 사용한다. '지어미'는 남편이 웃어른 앞에서 자신의 아내를 낮추어 이르는 말이다. 물론 이것은 어디까지나 현대적인 의미이고, 옛날에는 단순히 '아내'를 지칭하는 말이었다. '지아비'와 '지어미'라고 할 때의 그 '지'는 '제(자기의) 어미'의 '제'가 바뀌었다고 생각하기 쉽지만 사실은 그렇지 않다. '지아비'와 '지어미'의 '지'는 바로 '집'을 뜻하기 때문이다. 즉 중세국어 '집아비'와 '집어미'에서 'ㅂ'이 탈락한 것이다. 그러므로 '지어미'도 넓은 의미에서는 '집사람'이나 '안사람'과 같은 말이다.

현대적 의미와 옛날의 의미가 서로 다르다는 점에서는 '마누라'도 '지어미'와 비슷하다. 지금은 자신이나 상대방의 배우자를 홀대하여 일컫는 말이지만 원래는 높임말이었다. 본디 '마노라'로 임금이나 왕후를 높여 부르는 칭호나, 노비가 상전을 부르는 칭호로 사용되었다. '마노라/마누라'의 '마'는 궁중에서 흔히 '마마'라고 할 때나 하인이 상전에게 사용하던 '마님'이라고 할 때의 그 '마'다. 양주동(梁柱東)은 '마노라/마누라'를 'ᄆᆞᄅ'라는 말과 '하'가 결합한 것으로 풀이한다. 'ᄆᆞᄅ'는 으뜸[宗/上/頭]이라는 뜻하고 '하'는 존

칭의 호격조사라는 것이다. 한편 유창돈(劉昌惇)은 '마[女]'라는 말과 '오라[吾]'라는 말이 결합하여 '마노라'가 되었다고 주장한다. 그런가 하면 '마누라'라는 말이 마주 보고 눕는 사람이라는 뜻에서 나왔다는 이론도 있지만, 이것은 한낱 민속 어원에 지나지 않는다.

'여편네'도 지금은 자신이나 남의 아내를 홀대하여 부르는 말로 사용하고 있지만, 옛날에는 단순히 '남편'의 상대어로 사용되었을 뿐이다. 즉 '남편'에 대한 대립어나 반대말로 '여편(女便)'이라는 말이 사용되고 있었다. 또 남편이건 아내건 모두 접미사 '네'를 붙여 '남편네'니 '여편네'니 하고 불렀다. 이때의 '여편네/녀편네'는 본디 '남편네'와 마찬가지로 상대방을 낮추는 뜻이 아니었다.

예를 들어 『가례언해(家禮諺解)』(1632)에 나오는 "녀편은 남편의 長幼로써 ᄎ례ᄒ고"라는 문장만 보아도 이러한 사실을 잘 알 수 있다. '여편네/녀편네'가 오늘날처럼 낮추어 부르는 뜻으로 쓰이기 시작한 것은 근대국어 시기인 17세기 이후의 일이다. 원래 존칭 표시의 체언에 붙는 복수 접미사였던 '-네'나 '-내'가 근대국어에 와서 '노인네'니 '우리네'에서처럼 평칭이나 자기 겸양을 나타내는 말로 쓰이게 되면서 복수의 의미보다는 낮추는 의미를 가지게 되었다. 오늘날 남자를 낮추어 부를 때 '남정(男丁)'에 '네'를 붙여서 '남정네'라고 하는 것과 똑같은 이치다.

'가시' 또는 '갓'은 중세국어에서 아내를 일컫는 말이었다. 북쪽 지방에서 '갓나이', 남쪽 지방에서 '가시내'라고 할 때의 바로 그 '갓'과 '가시'다. 지금은 별로 사용하고 있지 않지만 '갓어리'는 중세국어에서 계집질을 일컫는 말이었다. 지금도 남쪽 지방에서는 짐승을 교미키는 것을 '갓붙이다'라고 한다. '가시집'은 처갓집을, '가시버시'는 부부를, '가시아비'와 '가시어미'는 각각 장인과 장모를 부를 때 사용한다.

한국에서처럼 그렇게 심하지는 않지만, 일본에서도 남편이 자기 배우자를 부를 때는 그냥 '쓰마(妻)'라는 말을 사용하기도 하지만 흔히 '구사이(愚妻)'니 '가나이(家內)'니 하는 말을 자주 사용한다. '구사이'란 글자 그대로 어리석거나 바보 같은 아내라는 뜻이고, '가나이'란 한국어의 '안사람'이나 '집사람'처럼 집안을 지키는 여성이라는 뜻이다. 한편 일본의 아내들이 남에게 남편을 부를 때는 '슈진(主人)'이라고 한다. 이 말을 뒤집어 보면 아내는 집안의 주인이 아니라 주인에 종속된 한 부속품이라는 뜻이다. 한국에서나 일본에서 이렇게 배우자를 낮추어 부르는 것은 자식을 자랑하지 않듯이 자기 배우자를 자랑하지 않는 관습 때문이다. 아내를 자랑하는 것도 자식을 자랑하는 것처럼 팔불출(八不出)에 해당하게 마련이다.

서양어의 여성 애칭어

서양에서는 남편이 자기 배우자를 남에게 소개할 때 특별히 사용하는 표현이 없고 그냥 'my wife' 정도로 소개한다. 그런데 이 'wife'라는 말도 그 어원을 거슬러 올라가 보면 부정적인 뿌리와 만나게 된다. 고대 여성을 뜻하는 영어 'wifman'은 남성을 뜻하는 'werman'과 대립적인 말이었다. 그러니까 기혼 여성보다는 단순히 여성 일반을 가리켰다. 최근 들어 프로토-인도유럽어 'ghwibh'에서 파생되었다는 이론도 만만치 않다. 이 말은 '수치'나 여성의 '성기'를 가리키는 말이었다. 인도유럽 계통의 언어로 한때 중국 북서쪽 중앙아시아에서 사용하던 토카리어 'kip'나 'kwipe'도 '수치'나 '여성 성기'를 가리켰다는 사실은 이 점을 뒷받침한다.

한편 영어 'woman'이 'wo'와 'man'이 결합한 말로 보려는 학자도 있다. 여기서 'wo'란 걱정·근심·고뇌·괴롭힘 등을 뜻하는 'woe'의 고어라는 것이다. 여성은 남성에게 고통을 주고 남성을 괴롭히는 뜻이다. 그러나 이러한 이론은 어디까지나 민속 어원일 뿐 실제 사실과는 적잖이 다르다.

한국어에는 호칭어가 유난히 발달한 반면, 서양어에서는 남편이 배우자를 다정하게 직접 부를 때 사용하는 애칭어가 유난히 발달하였다. 이러한 애칭어는 언뜻 보면 긍정적인 것 같지만 좀 더 꼼꼼히 따져보면 여성을 비하하거나 폄하하는 부정적 의미가 들어 있음이 밝혀진다. 예를 들어 'honey'를 비롯하여 'sweet/sweetie', 'sweetheart', 'sugar', 'muffin', 'dove', 'baby', 'doll/dollface', 'darling', 'cutie', 'angel' 등이 바로 그것이다. 이 중에서 'honey', 'sweet/sweetie', 'sweetheart', 'sugar', 'muffin'은 여성을 음식물로 간주하는 태도다. 아무리 달콤하고 맛이 있어도 여성을 먹는 음식물에 빗대는 것은 바람직하지 않다.

또한 'dove'도 아무리 귀여운 날짐승이라도 한낱 인간이 아닌 비둘기에 지나지 않는다. 프랑스어에서 오리에 빗대어 'mon canard'라고 부르는 것과 이와 비슷하다. 'baby'는 여성을 성인이 아닌 갓난아이로 보려는 이데올로기를 내포하고 있다. 영국에서는 가정주부를 흔히 '집안의 천사(angel in the house)'로 부른다. 여성을 천사로 극찬하는 것 같지만 구체적인 현실 세계에는 존재하지 않는 초월적 존재라는 의미를 내포하고 있어 언뜻 보는 것처럼 그렇게 좋은 뜻이 아니다. 'doll/dollface'은 남성이 여성을 단순히 장난감으로 간주하려는 태도다. 'darling'이나 'cutie/cutey' 같은 애칭어도 귀엽다는 사실을 강조함으로써 여성을 남성의 노리개나 애완물로 삼고 있다.

서양에서 근대극의 발판을 마련해 준 작가가 바로 노르웨이의 극작가 헨리크 입센이다. 그의 『인형의 집』(1879)은 근대극의 문을 활짝 열어젖힌 작품으로 높이 평가받는다. 그냥 무심코 지나

『인형의 집』을 출간하여 여성 운동에 불을 지핀 노르웨이 극작가 헨리크 입센.

치기 쉽지만 입센은 노라를 부를 때 여러 애칭어를 사용함으로써 남성중심주의의 관점에서 여성을 낮추어 보려는 태도를 잘 보여 준다. 노라가 등장하는 첫 장면부터 남편 토르발트는 아내를 온갖 애칭어로 부른다.

① "나의 귀여운 종달새"

② "나의 귀여운 다람쥐"

③ "나의 노래하는 새"

④ "나의 귀여운 애완동물"

⑤ "나의 귀여운 단것을 좋아하는 사람"

앞에서 언급했듯이 항목 ①~③에서처럼 헬머가 노라를 '종달새'니 '다람쥐'니 '노래하는 새' 하고 부르는 것은 그녀를 인간이 아닌 날짐승으로 간주하려는 태도다. 항목 ④와 ⑤에서처럼 '애완동물'이나 '단것을 좋아하는 사람'으로 부르는 것도 긍정적인 의미보다는 부정적인 의미가 훨씬 더 많이 함축되어 있다.

더구나 토르발트는 노라를 부르면서 '귀여운'이라는 형용사를 좀처럼 빼놓지 않는다. 이 또한 헬머의 가부장적 남성중심주의를 드러내는 표현이다. 노라를 자신과 같은 성인으로 간주하지 않고 어린아이처럼 지적으로 아직 덜 성숙한 여성으로 간주한다. 즉 노라는 '어린애 같은 아내'이기 때문에 조심스럽게 돌보아주어야 할 뿐 아니라 더 나아가 가르쳐 주고 양육해 주고 때로는 잘못을 저지르면 꾸짖어서 훈계해야 한다는 의미를 담고 있다. 또한 '귀여운'이라는 형용사는 인형 같은 물건을 묘사할 때도 자주 쓰인다. 노라는 그동안 자신이 인간이 아닌 헬머의 '인형'으로 살아왔다는 사실을 깨닫고 절망을 느낀다.

한마디로 노라는 남편과 대등한 관계에 있는 아내라기보다는 한낱 토르발트 헬머의 부속품이요 애완물에 지나지 않았다. 노라가 지금껏 헬머와 함께 살아 온 집을 '인형의 집'이라고 부르면서 그 집을 박차고 나가는 까닭이 바로 여기에 있다. 그녀는 '인형의 집'에서 남편의 노리개인 인형 같은 삶을 청산하고 이제 당당한 여성으로 독립하려고 한다. 마지막 장면에서 노라가 집을 나가면서 쾅하고 세차게 문을 닫는 소리에 그동안 바윗덩어리같이 굳건한 남성중심주의의 주춧돌이 흔들거리기 시작하였다. 그런데 입센이 여성운동을 부르짖으면서도 여전히 남성중심주의에 젖어 있다는 것은 아이러니가 아닐 수 없다.

젠더와 번역

1970년대 말엽 이른바 '문화적 선회' 이후 번역 연구나 번역학에서는 젠더의 관점에서 가부장적인 속담을 어떻게 번역할 것인가 하는 문제를 두고 논의가 적지 않았다. 번역이 가치중립적인 행위가 아니라 어디까지나 정체성 정치학에서 중요한 역할을 한다는 사실이 밝혀지면서 이 문제는 좀 더 첨예하게 대두되기 시작하였다. "암탉이 울면 집안이 망한다"는 속담에서도 볼 수 있듯이 오랫동안 유교나 유가의 영향을 받아 온 한국에서는 서양과 비교해 볼 때 여성에 대한 차별이 훨씬 심하다.

그렇다면 이러한 한국 속담이나 격언을 서양어를 목표

어로 삼아 번역할 때 어떻게 해야 하는가? 될 수 있는 대로 원천 문화에 걸맞게 원천어의 의미를 그대로 살려 축어적으로 번역해야 할 것인가? 아니면 목표 문화에 걸맞게 목표어의 의미에 충실하게 번역해야 할 것인가? 18세기 말엽에서 19세기 초엽에 걸쳐 활약한 독일의 신학자요 번역 이론가인 프리드리히 슐라이어마허의 표현을 빌려 말한다면, 원천어의 속담을 그대로 두고 목표어의 독자를 그쪽으로 옮겨놓을 것인가? 아니면 목표어의 독자를 그대로 두고 원천어의 속담을 그쪽으로 옮겨놓을 것인가? 이 속담을 번역하는 사람이라면 누구나 아마 '이국화(異國化)'와 '자국화(自國化)' 전략 사이에서 적잖이 갈등을 느낄 수밖에 없을 것이다.

이국화를 주장하는 번역가라면 "암탉이 울면 집안이 망한다"는 한국 속담을 영어로 번역할 때 아마 "When the hen crows, the house goes to ruin"로 옮길지 모른다. 다시 말해서 번역자는 이 속담을 번역하면서 아예 수탉을 언급하지 않은 채 '집안이 망한다'는 패가(敗家)의 의미를 강조할 것이다. 이 번역은 비록 영어권의 독자들에게는 조금 낯설게 느껴질지라도 한국어의 표현에는 충실하다.

한편 자국화를 주장하는 번역가라면 어쩌면 "It is a sad house when the hen crows loudest"로 옮기거나 "It is a sad house when the hen crows louder than the cock"로 옮길지

모른다. 영어 문화권에서는 두 가지 속담이 모두 널리 사용되고 있기 때문에 어느 쪽으로 옮기던 목표어의 독자들에게 쉽게 이해가 된다. 자국화를 주장하는 번역자 중에는 한국어 속담을 "It is shameful for the wife and not the man to rule the house"로 비유법은 아예 무시한 채 오직 의미만을 전달하려는 사람도 있을지도 모른다.

장 폴 비네와 장 다르벨네가 『프랑스어와 영어의 비교 문체론』(1958, 1977)에서 주장하는 일곱 가지 번역 절차 가운데에서 등가의 관점에서 이 한국어 속담을 번역할 수도 있다. 이 두 이론가에 따르면 등가란 원천 텍스트와 동일한 상황을 묘사하거나 동일한 의미를 전달하되 목표어의 문체나 구조 또는 표현에 맞게 번역하는 방법을 말한다. 비네와 다르벨네는 특히 관용구나 속담처럼 이미 굳어진 표현을 번역할 때는 등가 번역 방식이 적절하다고 주장한다. 그러므로 "암탉이 울면 집안이 망한다"는 한국 속담을 등가의 절차에 따라 번역한다면 방금 앞에서 "When the hen crows the house goes to ruin"로 옮기는 것보다는 "It is a sad house when the hen crows loudest"로 옮기는 것이 더 옳을 것이다. 다시 말해서 이 경우 방금 앞에서 언급한 이국화 번역보다는 오히려 자국화 번역이 적절하다.

최근 들어 번역가는 원천 텍스트의 의미를 목표 텍스트

로 단순히 수동적으로 옮기기보다는 좀 더 능동적으로 두 텍스트 사이에서 중재자의 역할을 맡아야 한다는 이론이 점차 힘을 얻고 있다. 젠더 문제에 관심을 기울이는 번역가들이 이국화 번역이나 자국화 번역 중에서 어느 한쪽을 선택하는 것만으로는 만족하지 못하는 이유가 바로 여기에 있다.

무엇보다도 정체성 정치학에 무게를 싣는 번역가들에게는 단순히 원천 텍스트를 목표 텍스트로 의미를 전이하는 것만으로는 충분하지 않다. 번역을 어디까지나 '다시 읽기'나 '다시 쓰기'로 간주하고 젠더에 무게를 싣는 페미니즘 번역가들은 언어에 도사리고 있는 성차별의 벽을 허무는 방식으로 번역하려고 하기 때문이다. 그들에게 번역은 좁게는 텍스트의 전달, 넓게는 문화의 전이 못지않게 사회의 가치를 재검토하거나 전복하는 데 목적이 있다. 그들에게 번역이란 남성중심주의를 해체하는 데 사용하는 무기인 셈이다. 그러므로 여성 해방은 무엇보다도 먼저 언어를 해방하는 일에서 시작해야 할 것이다.

예를 들어 "암탉이 울면 집안이 망한다"는 한국 속담과 관련하여 페미니즘 번역가들은 두 가지 전략을 사용할 것이다. 첫 번째 전략은 여성을 차별하는 '정치적으로 부적합한' 언어 구사를 강조하는 것이고, 두 번째 전략은 그동안 억압

받아 온 여성성을 가시적으로 드러내는 것이다. 이 분야에서 선구적인 역할을 해 온 셰리 사이먼은 번역의 충실성을 종래와는 전혀 다른 각도에서 해석한다. 그녀는 "페미니즘 번역가에게 충실성은 저자 쪽으로 지향되지도 않고 독자 쪽으로 지향되지도 않고 오히려 글

번역 이론 정립에 기여한 독일의 신학자 프리드리히 슐라이어마허.

쓰기 기획 쪽, 즉 작가와 번역가 두 사람이 함께 참여하는 기획을 향하여 지향될 것이다"라고 지적한다. 사이먼은 슐라이어마허가 말하는 저자 쪽도 아니고 그렇다고 독자 쪽도 아닌 제3의 방향성에 주목한다.

그러나 사이먼이 말하는 '글쓰기 기획'은 속담을 번역할 때는 그렇게 썩 잘 들어맞지 않는다. 문학 작품과는 달리 속담이나 격언은 저자가 익명적이고 집단적이기 때문이다. 이렇게 번역 기획에 함께 참여할 명시적인 저자가 없다면 번역자가 저자의 역할까지 맡아야 할 것이다. 그러므로 속담을 번역할 때는 그만큼 번역가의 역할이 무척 클 수밖에 없다. 만약 수잔 로트비니에르-하우드 같은 젠더 지향적 페미니즘 번역가들이 번역한다면 아마 다음과 같이 될 것이다.

① "It is a sad house when the hen, like the cock, crows."

② "It is a sad house when the hen, not the cock, crows."

③ "It is a sad house when the hen crows."

④ "It is a sad house when the (s)hen crows."

항목 ①은 원천 텍스트에는 없는 "수탉처럼(like the cock)"이라는 구절을 명시적으로 삽입함으로써 가부장적 남성 질서를 폭로한다. 항목 ②는 집안에서 우는 주체가 암탉일 뿐 "수탉이 아니라(not the cock)"라는 점을 분명히 드러냄으로써 항목 ①과 같은 효과를 노린다. 항목 ①과 항목 ②에서는 지금까지 늘 새벽이 되면 수탉이 울었다는 사실이 함축되어 있다.

한편 항목 ③과 항목 ④에서는 내용보다는 형식에 주목하여 여성성을 강조한 번역이다. 항목 ③에서는 'hen'에서 'he'를 이탤릭체로 표기함으로써 그동안 남성(he)이 집안에서 얼마나 황제처럼 군림해 왔는지를 넌지시 드러낸다. 항목 ④에서는 'hen'에서 'he'를 이탤릭체로 표기하는 것으로 그치지 않고 한발 더 나아가 'hen' 앞에 '(s)'를 덧붙인다. 항목 ③에서 'he'를 강조한다면 항목 ④에서는 오히려 'she'를 강조한다. 즉 '(s)hen'은 'she + hen'으로 암탉의 여성성을 전

경화(全景化)하는 수법이다.

항목 ③과 항목 ④ 같은 번역은 로트비니에르-하우드가 리즈 고뱅의 『타자가 보낸 편지』(1984)를 영어로 번역하면서 이미 시도하여 관심을 끈 적이 있다. 르토비니에르-하우드는 'one'에서 'e'를 고딕체로 표기하여 여성성을 강조하고, "HuMan Rights"에서처럼 'Human'의 'm'을 대문자 'M'으로 표기하여 암묵적인 남성의 성차별을 폭로하였다. 또 새벽을 뜻하는 'aube(dawn)'의 문법적 성(性)을 중성형 'it'나 남성형 'he'로 사용하지 않고 군이 여성형 'she'로 사용한다. 그런가 하면 프랑스어 'auteure'를 영어로 번역하면서 통용되는 'author' 대신에 일부러 'auther'라는 신조어를 만든다. 사이먼 외에도 본 루이즈 본 플로토 같은 이론가들도 여성적 요소를 좀 더 가시적으로 드러내는 페미니즘 번역에 깊은 관심을 기울인다.

지금까지 "암탉이 울면 집이 망한다"는 한국 속담을 한 예로 들면서 언어에 나타난 성차별을 살펴보았다. 암탉을 여성에 빗대어 말하고 여성이 집안에서 나서는 것을 경계하는 속담은 비단 한국에만 국한된 현상이 아니라 중국과 일본 같은 동아시아 국가는 말할 것도 없고 사실상 세계 전역에 걸쳐 두루 나타나는 보편적 현상이다. 그러나 그동안 남성중심주의적인 유교나 유가의 영향을 절대적으로 받아 온 한국에서 이러한 성차별은 서양보다 훨씬 더 심하였다. 또 이러한 여성을 차별하는 속담을 외국어로 번역할 때 어떻게 옮겨야 하는지도 살펴보았다. 이국화 번역보다는 자국화 번역 방법에 따라, 그리고 비네와 다르벨네가 『프랑스어와 영어의 비교 문체론』에서 말하는 '등가'의 절차에 따라 번역하는 것이 바람직할 것이다. 그런가 하면 남성 중심의 가부장 질서를 폭로하고 그것에 도전하는 페미니즘 번역 이론에 따라 그 가능성을 조심스럽게 탐색하였다.

속담에 나타난 성차별을 좀 더 체계적으로 연구하기 위해서는 이 글에서 한 예로 든 속담 외에 더 많은 속담을 연구 대상으로 삼아야 한다. 가령 "여자와 북어는 두드릴수록 맛이 난다"느니 "여자 셋이 모이면 접시가 깨진다"느니 하는 속담도 여성을 차별하는 대표적인 경우다. 흥미롭게도 이 두 속담도 동아시아 국가에서 널리 사용되고 있으며, 비록 표현은 조금 달라도 서양에서도 마찬가지로 사용되고 있다. 언어를 통한 성차별이 그만큼 보편적이라는 사실을 뒷받침한다.

1990년대 중반에 이르러 젠더 문제는 남성/여성 차별의 범위를 뛰어넘어 이제 동성애 차별을 논의하는 단계까지 넓어졌다. 즉 '성차별'이나 '젠더 차별'에서 '동성애 차별'로 발전하였다. '성인지 감수성'이라는 용어는 이제 일상어에서 자주 쓰일 뿐 아니라 법원 판결문에도 자주 등장하는 단계에 이르렀다. 남성이 그동안 여성을 지배와 종속의 대상으로 삼았듯이 이성애자들은 동성애를 '타자'로 간주하여 무시하거나 금기시하였다. 앞으로 성차별은 동성애는 말할 것도 없고 양성애자와 트랜스젠더 문제까지 염두에 두어야 할지 모른다. 마찬가지로 페미니즘 번역도 여성 차별뿐만 아니라 동성애 차별도 중요한 의제로 삼아야 할 것이다.

4

성경 번역에 대하여

이탈리아의 저명한 기호학자로 첫 소설 『장미의 이름』
(1980)을 발표하여 전 세계에 걸쳐 낙양(洛陽)의 지가(紙價)
를 올린 작가 움베르토 에코는 가히 르네상스적 인물이라고
할 만하다. 몇 해 전 사망할 때까지 그는 전공 분야인 기호
학과 철학에 얽매이지 않고 현대의 대중문화를 비롯한 문화
비평, 문학 비평, 미학, 중세 역사학, 건축학, 가상현실 등 다
양한 영역을 자유롭게 넘나들며 왕성하게 저술 활동을 펼쳤
다. '걸어 다니는 사전'이라는 말도 있지만, 에코야말로 '살
아 있는 백과사전'이라고 하여도 크게 무리가 없을 것 같다.
그가 레오나르도 다 빈치 이후 최고의 르네상스적 인물이라
는 칭호를 얻고 있는 것은 바로 그 때문이다.

에코는 1990년대 초 이탈리아에서 발행하던 주간잡지

《에스프레소》에 짧은 칼럼을 연재하였다. 그는 이 글들을 묶어 『아주 작은 두 번째 일기』(1992)라는 제목으로 이탈리아에서 출간한 뒤 그 일부를 영어로 번역하여 『연어와 함께 여행하는 방법 및 기타 에세이』(1998)로 출간하였다. 에코가 기고한 칼럼 중「매킨토시는 가톨릭적이다」는 특히 눈길을 끈다. 그는 이 글에서 로마가톨릭과 개신교의 차이점을 흥미롭게도 컴퓨터 운영 체제(OS)에 빗댄다. 에코는 "이 세계는 매킨토시 컴퓨터 사용자와 MS-DOS 호환 컴퓨터 사용자로 나뉜다. 나는 매킨토시는 가톨릭적이고 MS-DOS는 개신교적이라고 단언한다"고 잘라 말하여 주목을 받았다.

가톨릭교회와 개신교를 컴퓨터 운영 체계에 빗댄 이탈리아의 기호학자요 소설가인 움베르토 에코.

에코가 이렇게 단호하게 말하는 데는 두 운영 체제가 본질에서 사뭇 다르기 때문이다. 사용자 친화적인 애플 컴퓨터에서는 가톨릭교회의 교리문답식으로 단순한 공식과 아이콘으로 쉽게 접근할 수 있는 반면, 다분히 문서 지향적인 MS-DOS 호환 컴퓨터에서는 사용자의 결심이 필요한 데다 아이콘 대신 문자를 사용하는 경우가 많다. 에코가 '윈도' 대신 굳이 'MS-DOS'를 언급하는 것은 윈도 운영 체제가 아직 널리 사용되고 있지 않았기 때문이다. 마이크로소프트사가 도스의 확장 소프트웨어로 윈도 1.0을 출시한 것은 비로소 1985년에 이르러서였다. 윈도 3.0이 출시된 것은 에코가 칼럼을 쓰기 시작하던 1990년이다. 2021년 6월 출시된 윈도 11은 2015년에 출시된 윈도 10의 후속 버전이다.

에코의 지적대로 가톨릭과 개신교의 차이는 신학과 교리를 떠나 무엇보다도 먼저 시각적으로 드러난다. 개신교 교회와는 달리 가톨릭교회는 교회 건축이나 그 내부가 눈길을 끈다. 유럽의 유명 성당들은 크고 아름다운 위용을 자랑한다. 멀리서 겉모습만 보아도 그 웅장함에 놀라지만 성당 마당에 들어서는 순간 흰 대리석의 성모 마리아상과 마주치게 된다. 가령 바티칸의 성 베드로 대성당은 건축적 화려함의 극치를 보여 줄 뿐 아니라 미켈란젤로 부오나로티가 조각한 피에타상(像)도 있다. 성당 안으로 질서 있게 자리 잡은 좌석이 위치하고 벽에는 형형색색의 화려한 스테인드글라스가 놓여 있다. 시스티나 대성당에는 〈천지창조〉를 비롯한 미켈란젤로의 유명한 그림이 천장을 가득 채우고 있다. 신앙은 접어두고라도 건축에 종사하는 사람이라면 이러한 유명 성당을 방문하지 않는 것이 '죄'라고 생각할 정도다. 이 밖에도 십자가를 비롯하여 성화(聖畵)와 성상(聖像), 여러 조각품 등에 압도된다. 유럽을 비롯한 서양과는 달리 한국에서는 개신교회 건물은 '교회', 가톨릭이나 정교회 건물은 '성당'이라고 부르는 것이 이채롭다.

한편 개신교 교회는 가톨릭교회와는 달리 교회 건축이나 그 내부가 비교적 단순하고 소박한 것이 특징이다. '청교도(淸敎徒)'의 의미에 대하여 여러 해석이 있지만 그중 하나는 영국 국교인 성공회에 여전히 남아 있는 로마가톨릭교회의 잔재를 없앰으로써 교회의 '순수성'을 부르짖는 사람들을 뜻한다. 다시 말해서 영어 'Puritan'은 바로 정화를 뜻하는 동사 'purify'에서 비롯하였다. 개신교도들이 정화하자고 부르짖은 것 중에는 교회의 화려한 겉모습도 포함되어 있었다.

그래서 개신교에서는 일찍부터 건물이나 아이콘보다는 활자 매체와 문서 쪽에 무게를 실었다. 문서 선교는 개신교가 이룩한 개가(凱歌) 중 하나였다. 중세 가톨릭교회는 성경을 자국어로 번역하는 것을 허용하지 않았다. 종교개혁의 선구자 마르틴 루터가 신구약 성경을 독일어로 번역하면서 여러 나라에서 자국어로 번역하기 시작하였다. 이렇듯 성경 번역과 종교개혁 운동은 서로 떼려야 뗄 수 없이 깊이 연관되어 있다.

물론 이렇게 로마가톨릭과 개신교를 컴퓨터의 운영 체제에 빗댄 것은 움베르토 에코가 처음이 아니었다. 그보다 6년 앞서 미국의 컬럼비아대학교의 영문학 교수 에드워드 멘델슨이 가톨릭교회와 개신교를 이미 컴퓨터 운영 체계에 빗댄 적이 있다. 그러나 이렇게 흥미로운 주장을 대중에게 좀 더 널리 알린 것은 에코였다. 물론 멘델슨이나 에코의 주장에 이의를 제기하는 사람들이 없는 것도 아니다. 그들은 가톨릭교회와 개신교의 복잡한 관계를 지나치게 단순화시킨다고 비판한다. 그리고 그들의 주장에는 일리가 없지 않다.

개신교의 문서 사역

한국 개신교의 집은 넓게는 문서 사역, 좁게는 성경 번역의 토대 위에 굳건히 서 있다. 물론 이 집을 짓는 데는 서양 선교사들이 모퉁잇돌의 역할을 했음은 두말할 나위가 없다.

여기서 문서 사역이란 성경을 번역하여 출판하는 것을 비롯하여 기독교 잡지나 신문 등의 정기 간행물 발행, 기독교 성격의 일반 잡지나 신문 발행, 교회 주보나 소식지 발행, 기독교 출판사의 기독교 단행본이나 기독교 성격의 일반 단행본 출판 등을 말한다. 지금 한국에서는 무려 200여 개의 기독교 출판사가 있고, 이곳에서 해마다 1,600여 종의 신간 서적을 출간하니 한국 개신교의 문서 사역이 과연 어떠한지 미루어보고도 남는다. 개신교의 이러한 활동은 활자 매체보다는 이미지나 아이콘에 무게를 두는 가톨릭교회와는 확실히 다르다.

초기 외국의 개신교 선교사들은 "마침내 땅 끝에까지 이르러 내 증인이 될 것이다"(「사도행전」 1장 8절)라는 바울을 비롯한 사도들의 기록에 순종하여 조선이 자기들을 부른다는 믿음으로 이 땅에 왔다. 조선 땅에 도착하자마자 그들이 무엇보다도 제일 먼저 한 일은 성경을 번역하는 것이었다. 선교사들은 비단 성경을 번역하는 것에 그치지 않고 이보다 한발 더 나아가 주일학교나 한글학교 등을 열어 문맹을 퇴치하는 일에도 앞장섰다. 두말할 나위 없이 글을 읽지 못하는 기독교인은 성경을 읽을 수 없고, 성경을 제대로 읽지 못하면 참다운 신앙인으로 성장할 수 없다고 판단했기 때문이다. 이렇듯 한국에서 한글이 널리 보급된 데는 서양 선교사들과 초기 기독교 지도자들의 역할이 적지 않았다.

구약성경 「출애굽기」에는 하느님이 모세에게 율법을 기록한 돌 판을 건네주는 장면이 기록되어 있다. "증거판 둘을 모세에게 주시니 이는 돌 판이요 하나님이 친히 쓰신 것이라"(31장 18절)라는 구절이 바로 그것이다. 가톨릭교회가 증거판의 이미지에 관심을 기울였다면 개신교에서는 돌 판에 쓰인 글자에 주목했다고 할 수 있다. 그러므로 한국 개신교의 역사는 곧 성경 번역의 역사와 궤를 같이한다.

잘 알려진 것처럼 한글성경의 역사는 19세기 말 중국으로 거슬러 올라간다. 만주에서 사역하던 스코틀랜드 선교사 존 로스(중국 이름 羅約翰)와 존 매킨타이어는 동관(東關) 교회를 중심으로 선교 활동을 하였다. 그러나 그들의 관심은 점차 중국을 넘어 한반도로 이어져 조선인들을 대상으로 사역하기 시작하였다.

1876년 로스는 한국인에게 복음을 전파하려면 무엇보다도 먼저 한글성경이 필요하다고 판단하여 평안도 의주 출신인 이응찬(李應贊)을 어학 교사로 고용하였다. 또한 역시 의주 출신인 백홍준(白鴻俊), 이성하(李成夏), 김진기(金鎭基), 서상륜(徐相崙) 같은 한학자들을 조사(助事)로 삼아 1882년 최초의 조선어 성경인 『누가복음』을 번역하여 출판하였다. 1887년에는 우리말로 번역된 최초의 완역 신약성경이라고 할

『예수성교전서』를 번역하여 출간함으로써 조선 선교에 굵직한 획을 그었다.

한편 조사 시찰단(朝士視察團)의 일원으로 일본에 건너간 뒤 귀국하지 않고 그곳에 계속 머물러 있던 이수정(李樹廷)은 조선인으로서는 처음 성경 번역을 시도하였다. 그는 성경의 자국어 번역이야말로 기독교 선교 사업의 토대라고 깨닫고 개신교 성경을 한국어로 번역하기 시작하였다. 미국성서공회 총무 헨리 루미스와 조지 W. 녹스 선교사는 이수정이 한글성경을 번역하는 데 재정적으로 도움을 주었을 뿐 아니라 번역 작업을 도와주기도 하였다. 이수정은 엘리자 콜먼 브리지먼과 마이클 심슨 컬버츤이 고전 한문으로 번역한 중국어 성경에 이두식으로 토를 붙이는 방식으로 『현토한한 신약전서(懸吐韓漢新約全書)』(1884)를 간행하였다.

그러나 이수정이 본격적으로 한글성경을 번역한 것은 『신약 마가복음셔언해(新約馬可福音書諺解)』(1885)의 출간이었다. 1885년 미국 선교사 호러스 그랜트 언더우드(한국 이름 元杜尤)와 헨리 거하드 아펜젤러(한국 이름 亞篇薛羅)는 당시 요코하마(橫浜)에 체류하던 이수정한테서 한국어를 배웠을 뿐 아니라 한반도에 입국할 때 『신약마가전복음셔언해』를 가지고 들어왔다.

언더우드와 아펜젤러는 한국에 들어오자마자 1887년에

상임성서번역위원회를 조직하고 그 밑에 번역위원회와 개정위원회의 두 분과위원회를 두고 성경 번역에 착수하였다. 이 위원회의 회장에 선임된 언더우드는 기독교 신앙이 번역의 신적 활동에 의존한다고 지적하면서 성경 번역이야말로 가장 시급한 사업 중 하나로 꼽았다. 그는 "선교사의 설교도 중요하지만 사람의 수중에 있는 성경이야말로 가장 훌륭한 설교를 할 수 있다"고 주장하였다. 히브리어·헬라어·라틴어 같은 고전어에 능통한 윌리엄 데이비스 레널즈(한국 이름 李訥瑞) 선교사와 여러 언어에 통달하고 문학적 재능까지 갖춘 캐나다 선교사 제임스 S. 게일(한국 이름 奇一)이 번역 위원으로 합류하면서 성경 번역 사업은 본격적인 궤도에 오르기 시작하였다.

선교사들은 '처음에는 이수정의 『마가복음셔』와 로스와 매킨타이어의 『누가복음』과 『로마서』를 개정하는 작업부터 시작하였다. 그러나 1893년 5월 윌리엄 스크랜튼(한국 이름 施蘭敦) 선교사의 집에서 열린 상임성서번역위원회에서 언더우드를 비롯한 성서번역 위원들은 로스가 번역한 성경이 '쓸모없다'는 것을 재확인하고 새 번역 성경을 펴낼 것을 결정하였다. 당시 국내 선교사들의 한국어 실력이 로스 번역의 문제점들을 구체적으로 지적할 수 있는 단계에 이를 정도로 상당히 향상되었다는 점도 이러한 결정을 하는 데 한

못하였다.

1892년 「마태복음」과 「사도행전」을 출판하면서부터 번역 위원들은 전혀 새롭게 한글로 번역하기 시작하였다. 그래서 1900년에는 신약전서의 번역이 완료되어 한글 신약성경 『신약전서』를 간행하였고, 1911년에는 한글 구약성경과 신약성경을 합하여 『성경전서』를 간행하기에 이르렀다. 1938년에 신약까지 개역을 완료하여 『성경 개역』으로 출판하였다. 구약은 1911년부터 1937년까지 26년 동안 개역 작업을 하였고, 신약은 1926년에 시작하여 1937년에 끝마쳐 12년 만에 마무리되었다. 이렇게 '개역'이 출판되면서 그 이전의 번역을 '구역(舊譯)'이라고 불렀다. 1952년 비로소 한글 맞춤법에 맞게 수정되어 나온 것이 오늘날 우리가 쓰고 있는 '개역개정' 성경이다.

물론 한국에서 성경을 비롯한 기독교 관련한 문서가 오직 개신교 선교사들에 의하여 처음 이루어졌다는 것은 아니다. 이러한 작업은 18세기 후반 개신교에 앞서 이미 천주교에서 먼저 이루어졌다. 가령 1779년 천주교인들 사이에 정약전(丁若銓)의 「십계명가」, 이벽(李檗)의 「텬쥬공경가」, 이가환(李家煥)·김원성(金源星)의 「경세가」 등 한글 천주가사가 유포되었다. 그 뒤를 이어 1790년에 역관 출신으로 천주교인인 최창현(崔昌顯)은 붓으로 쓴 「가톨릭 기도문」을 소개하였다. 1864년에는 천주교 한글 문서로 천주교 입문을 위한 묵상서인 『신명초행(神命初行)』, 『회죄직지(悔罪直指)』, 『령셰대의 (領洗大義)』, 『셩찰긔략 (省察記畧)』, 『셩교요리문답(聖敎要理問答)』 등을 잇달아 간행하였다. 그러나 성경의 본격적인 한국어 번역은 역시 개신교가 들어오면서부터 시작되었다고 보는 쪽이 타당하다.

영국의 선교 신학자 앤드류 F. 월스는 『성경 번역과 교회의 전파』(1990)라는 책에 수록한 논문에서 "하나님은 인류를 구원하기 위한 활동 방식으로 번역을 선택했다"고 지적한다. 그러면서 월스는 이러한 '번역 사역'이 두 가지 모습으로 나타난다고 주장한다. 첫 번째 모습은 예수 그리스도의 성육신이고, 두 번째 모습은 인간의 언어로 기록된 성경이다. 판사가 사건의 정확한 판결을 위하여 법전과 판례에 충실해야 하듯이 기독교인들도 신앙의 토대를 충실한 성경 해석에 두어야 한다는 것이다.

성경의 번역이 얼마나 중요한가 하는 것은 흔히 '흠정역'으로 일컫는 『킹 제임스 성경』의 서문에서 가장 뚜렷이 엿볼 수 있다. 이 성경은 잉글랜드·스코틀랜드·아일랜드 왕국의 국왕 제임스 1세의 명령으로 1604년에 번역을 시작하여 1611년에 끝마친 기독교 성경의 영어 번역본이다. 순교자 윌리엄 틴들이 번역했던 성경의 70퍼센트가 이 성경에 사용된 것으로 알려져 있다.

흔히 '흠정역' 또는 '권위 있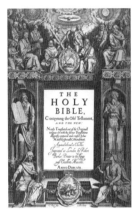
는 번역'이라고도 일컫는 것은
영국 국교회(오늘날의 성공회) 전
례용으로 사용할 수 있도록 왕
이 공식으로 인가했다는 뜻일
뿐 성경학자들이 권위 있는 텍
스트로 인정했다는 것은 아니
다. 무려 54명의 학자들과 목회
자들이 참여하여 번역을 끝낸

『킹 제임스 성경』 1611년 초판본
속표지.

뒤 그들은 공동으로 '번역자들이 독자들에게 주는 글'이라
는 서문을 썼다.

번역, 그것은 창문을 열어젖히고 빛을 들어오게 하는
것이요, 껍질을 깨고 알맹이를 먹게 하는 것이요, 장막을
걷고 가장 성스러운 곳을 보게 하는 것이요, 야곱이 우물
입구에서 돌을 옮기고 라반의 양떼에게 물을 먹인 것처
럼 우물 뚜껑을 열고 물을 얻게 하는 것이다.

여기서 '킹 제임스 성경' 번역자들은 넓은 의미의 일반
적 번역에 대하여 말하는 것처럼 보이지만 실제로는 성경

번역을 일컫는다. 한 구절 한 구절을 찬찬히 음미해 보면 더더욱 그러한 생각이 든다. 창문을 활짝 열고 빛을 들어오게 하는 것은 단순히 무지의 어둠을 몰아내고 계몽의 빛을 받아들이는 것 이상의 깊은 의미가 있다. 즉 성경 번역은 기독교 복음을 받아들이는 신앙의 첫걸음이다.

한편 장막을 걷고 가장 성스러운 곳을 본다는 것은 하나님이 거주하는 성막 안의 지성소를 말하는 것이다. 성경을 통하지 않고서는 하느님을 만날 수 없다. 더구나 마지막 문장은 야곱이 외삼촌 라반의 딸 라헬과 그의 외삼촌의 양떼를 보고 나아가 우물 아귀에서 돌을 굴려내어 양떼에게 물을 먹이던 일을 기록한 「창세기」 29장 10절을 언급하는 내용이다. 번역자들은 이처럼 온갖 비유법을 구사하여 성경 번역의 필요성을 역설하였다.

이왕 비유법 이야기가 나왔으니 말이지만 신앙의 자유를 찾아 신대륙에 도착한 청교도 지도자들은 목회자들에게 유난히 '소박한 문체'를 사용할 것을 주문하였다. 글을 쓰거나 설교를 할 때 되도록 독자나 청중이 알아듣기 쉽도록 간결하고 정확한 문체를 구사해야 한다는 것이다. 그기 위해서는 설교자는 되도록 구체적이고 정확한 낱말을 선택하고 복잡한 문장 구조를 피하여 독자나 청중의 마음을 움직여야 한다.

또한 비유법을 구사할 때도 일상생활에서 쉽게 만날 수 있는 친근한 현상에서 빌려와야 한다. 요즈음에 유행하는 말로 표현하면 '독자 친화적' 문체를 구사할 것을 주장하였다. 목회자는 설교할 때 지식층만이 알 수 있는 난해한 말이나 이해하기 힘든 비유법을 구사해서는 안 된다. 만약 설교를 들은 교인이 사망한 뒤 지옥에 떨어진다면 그것은 전적으로 목회자의 잘못이라고 판단하였다. 교인이 구원을 받지 못한 것은 목회자가 알아듣기 쉽게 설교하지 못했기 때문이라는 것이다.

청교도들이 추구하던 '소박한 문체'는 성경 번역에도 그대로 적용할 수 있다. 번역을 잘못하거나 비록 오역은 아니더라도 읽는 사람에게 난해하거나 오해를 불러올 번역은 복음의 빛을 받아들이기는커녕 오히려 어둠을 조장하는 결과를 낳을 수 있다. 모든 번역이 중요하지만 그중에서도 특히 성경 번역은 그만큼 중요하다. 기독교를 믿는 신앙인의 영혼이 달려 있기 때문이다. 물론 '킹 제임스 성경'은 지금의 기준으로 보면 중후하고 고풍스럽고 다분히 문학적이지만 12세기 기준으로 보면 소박한 문체에 가까웠다. 물론 번역에서는 원문의 자구 하나하나를 충실하게 옮기는 축자역(逐字譯) 방식을 시도하였다.

새 술은 새 부대에

성경 번역을 비롯한 모든 번역은 새로운 시대마다 새롭게 다시 이루어져야 한다. 앞에서 이미 밝혔듯이 시간이 지나면서 언어의 의미가 조금씩 변하기 때문에 한 번 번역된 작품은 영원히 지속될 수는 없다. 언어뿐 아니라 시대에 따라 독자의 감수성도 달라지게 마련이다. 이렇게 언어의 속성과 독자의 감수성에서 번역은 일정한 주기를 두고 새롭게 번역해야 한다. 이 점에서 번역을 한옥에 빗댈 수 있다. 아무리 튼튼하게 지은 집이라도 세월이 지나면 지붕에 얹은 기와에 물이 새고 서까래가 기우는 등 세월의 풍화작용을 비껴갈 수 없다.

예수 그리스도는 제자들에게 "새 포도주를 낡은 가죽 부대에 담는 사람은 없다. 그렇게 하면, 가죽 부대가 터져서, 포도주는 쏟아지고, 가죽 부대는 못 쓰게 된다. 새 포도주는 새 가죽 부대에 담아야 둘 다 보존된다"(「마가복음」 2장 22절)고 가르쳤다. 세례 요한의 제자들과 바리새파 사람들이 금식하는데 예수님의 제자들은 왜 금식하지 않느냐는 바리새인들의 질문하자 예수가 제자들에게 하는 답변이다.

한마디로 유대교는 낡은 옷이요 낡은 부대인 반면, 예수의 메시아 종교는 새 천 조각이요 새 부대다. 그런데 "새 포도주는 새 가죽 부대에 담아야" 한다는 메시지는 성경 번역에도 그대로 적용할 수 있다. 새 포도주는 새 부대에 담아야 하듯이 성경도 새로운 시대에 걸맞게 새롭게 번역되어 다시 태어나야 한다. 기독교에서는 개인의 죄를 용서받고 성령에 영적으로 새롭게 다시 태어나는 것을 '중생(重生)', 순수한 한글로 '거듭남'이라고 부른다. 성경도 거듭나지 않으면 안 된다. 독자들의 눈높이에 맞추지 않는 번역은 '번역'이 아니라 가히 '반역(反逆)'이라고 할 만하다. 단순히 '반역'에 그치지 않고 '반역(反譯)'이나 '반역(半譯)'이 될 수도 있다.

성경 번역에는 낱말이나 표현이 너무 낡아 현대 사회에 잘 들어맞지 않는 것이 적지 않다. 비유적으로 말하자면 지금 우리가 사용하고 있는 성경 번역 중 일부 표현은 성인의 몸에 잘 맞지 않는 청소년기의 낡은 옷이나 한물 유행이 지난 헌옷과 같다. 성경 곳곳에 자주 나오는 '역사'라는 낱말도 너무 낡아 현대인에게 잘 맞지 않는 것 중 하나다. 예를 들어 "그리스도 예수 안에서는 할례나 무할례가 효력이 없되 사랑으로써 역사하는 믿음뿐이니라"(개역개정 「갈라디아서」 5장 6절)라는 구절을 떠올리는 기독교인이 많을지 모른다. 이 밖에도 "믿음은 행위를 통해서 역사한다"라고 하거나 "믿음은 성령의 역사로만 가능하다"는 등의 말을 자주 듣는다. 그런가 하면 기도할 때면 으레 "성령께서 역사해 주실 줄 믿습니다"라고 말하는 사람도 자주 보게 된다.

개역개정 「마태복음」 14장에는 "그 때에 분봉 왕 헤롯이 예수의 소문을 듣고 그 신하들에게 이르되 이는 세례 요한이라 그가 죽은 자 가운데서 살아났으니 그러므로 이런 능력이 그 속에서 역사하는도다 하더라"(1~2절)라는 구절이 나온다. 개역한글에는 "그러므로 이런 권능이 그 속에서 운동하는도다 하더라"로 되어 있다. 「데살로니가 전서」에서도 "이러므로 우리가 하나님께 끊임없이 감사함은 너희가 우리에게 들은 바 하나님의 말씀을 받을 때에 사람의 말로 받지 아니하고 하나님의 말씀으로 받음이니 진실로 그러하도다. 이 말씀이 또한 너희 믿는 자 가운데에서 역사하느니라"(2장 13절)라는 구절이 나온다.

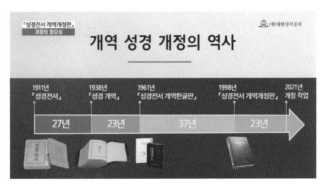

대한성서공회에서 제공한 개역 성경의 역사.

그런데 문제는 이 두 구절에서 '역사하다'라는 낱말의 뜻을 제대로 알아차릴 젊은 세대들이 얼마나 될까 하는 데 있다. 모르긴 몰라도 아마 그다지 많지 않을 것이다. 어쩌면 '역사(歷史)'에서 일어나는 사건 정도로 이해할지도 모른다. 신기철(申琦澈)·신용철(申瑢澈)이 함께 엮은 『새우리말 큰사전』(1983년 개정3판)에는 '역사(役事)'를 명사형으로 "토목·건축 따위의 공사"로, 자동사형으로 "이러한 공사를 하다"로 풀이한다. 네이버 국어사전에는 명사형은 나오지 않고 오직 동사형만 나온다. '역사하다'는 ① 건설 토목이나 건축·따위의 공사를 하다, ② (기독교 용어로) '하나님이 일하다'로 나와 있다. 항목 ②는 아마 성경이 한글로 번역된 후에 비로소 사전에 등재된 것 같다.

네이버 국어사전의 풀이대로 성경에서 '역사하다'는 흔히 '하나님이 일하다'라는 뜻으로 쓰이지만 문맥에 따라서는 그냥 '일하는' 것에 그치지 않고 '부지런히 일하다' 또는 '효과적으로 일하다'의 뜻으로도 사용된다. '역사하다'는 헬라어 '에네르게오(ενεργεω, energeo)'에 뿌리를 둔다. 영어에서는 이 헬라어를 흔히 '일하다(work)'나 '활동하다(do)'로 번역하지만 문맥에 따라 '효과적이다(effectual)', '열렬하다(fervent)', '~에서 강력하다(mighty in)', '자신을 내보이다(shew forth self)', '~에서 효과적으로 일하다(work effectually in)' 등 여러 의미로 다양하게 쓰인다.

한편 성경에는 '함께 역사하다'라는 표현도 자주 등장한다. 가령 개역개정 「마가복음」에는 "제자들이 나가 두루 전파할새 주께서 함께 역사하사 그 따르는 표적으로 말씀을 확실히 증언하시니라"(16장 20절)라는 구절이 나온다. 개역한글에서는 '전파할새'와 '증언하시니라'를 '전파할쌔'와 '증거하시니라'로 옮겼을 뿐 개역개정과 크게 다르지 않다. 새번역에서는 "그들은 나가서, 곳곳에서 복음을 전파하였다. 주님께서 그들과 함께 일하시고, 여러 가지 표징이 따르게 하셔서, 말씀을 확증하여 주셨다"로 풀어서 옮겼다. '함께 역사하다'는 말은 '에네르게오'에 접두어가 붙은 헬라어 'συνεργέω'(sunergeo)에서 비롯한다.

'역사'나 '역사하다'와 마찬가지로 '시험'이라는 낱말도 옛날에 입던 옷이나 남이 입던 옷처럼 현대인들에게는 잘 맞지 않는다. 가령 너무 익숙하여 무심코 그냥 지나치기 쉽지만 주기도문의 마지막 구절만 하여도 그러하다.

하늘에 계신 우리 아버지여, 이름이 거룩히 여김을 받으시오며 나라가 임하시오며 뜻이 하늘에서 이루어진 것 같이 땅에서도 이루어지이다. 오늘 우리에게 일용할 양식을 주시옵고, 우리가 우리에게 죄 지은 자를 사하여 준 것 같이 우리 죄를 사하여 주시옵고, 우리를 시험에 들게 하지 마시옵고 다만 악에서 구하시옵소서. (「마태복음」6장 9~13절)

주기도문의 마지막 구절은 프랑스 영화감독 챠옌느 캐론이 각본을 쓰고 메가폰을 잡은 영화 〈시험에 들지 말게 하옵시며〉(2011)라는 영화의 제목으로도 사용되었다. 프랑스판 〈롤리타〉로 평가받은 이 영화가 개봉되면서 주기도문의 이 구절은 성경의 테두리를 벗어나 세속에서 더욱 널리 퍼지게 되었다.

그런데 문제는 젊은 세대 중에 '시험에 들다'라는 구절의 뜻을 제대로 이해하는 사람이 얼마나 될까 하는 데 있다. 치열한 입시 제도와 높은 교육열 때문에 온갖 시험에 시달리는 한국의 젊은이들이 이 표현을 들으면 종소리만 들어도 침을 흘리는 파블로프 실험실의 개처럼 아마 자연스럽게 갖가지 시험과 대학 입시를 떠올릴 것이다. 오죽하면 '입시 지옥'이라는 말까지 생겨났을까. 그래서 "우리를 시험에 들게 하지 마시옵고"라는 구절을 읽는 젊은이들은 어쩌면 제발 시험을 보지 않게 해 달라고 비는 것으로 받아들일지도 모른다.

놀랍게도 새번역에서도 "우리를 시험에 들지 않게 하시

고"로 번역하였다. 개역개정이나 개역한글이 '들게 하지'를 부정어로 번역한 반면, 새번역에서는 '들지'를 부정어로 옮긴 것이 조금 다를 뿐 두 번역은 크게 다르지 않다. 오직 공동번역에서만 주기도문의 마지막 구절을 '시험' 대신 '유혹'이라는 낱말을 사용하여 "우리를 유혹에 빠지지 않게 하시고"라고 옮겼다.

'시험하다'라는 말은 「마가복음」 12장에서 주기도문보다도 그 뜻이 훨씬 더 애매하여 여간 헷갈리지 않는다. 바리새인과 헤롯당 사람이 예수에게 찾아와 가이사에게 세금을 바치는 것이 옳으냐, 옳지 않으냐를 묻는 장면이 나온다. "우리가 바치리이까 말리이까 한대 예수께서 그 외식함을 아시고 이르시되 어찌하여 나를 시험하느냐. 데나리온 하나를 가져다가 내게 보이라 하시니"(12장 15절)라고 번역되었다. 새번역에서도 "예수께서 그들의 속임수를 아시고, 그들에게 말씀하셨다. '어찌하여 나를 시험하느냐? 데나리온 한 닢을 가져다가, 나에게 보여 보아라'"로 번역하였다.

그런데 '시험하느냐'를 '나를 테스트하느냐'의 의미로 받아들이는 사람들도 있고, 나를 '유혹하느냐'의 의미로도 받아들이는 사람들도 있을 것이다. 성경의 본래 의미는 두말할 나위 없이 후자다. 그래서 공동번역에서는 "예수께서 그들의 교활한 속셈을 알아채시고 '왜 나의 속을 떠보는 거

192

냐? 데나리온 한 닢을 가져다 보여다오' 하셨다"로 옮겼다. 젊은 세대는 아마 이 번역을 가장 쉽게 이해할 것이다.

성경에서 자주 쓰는 '시험하다'나 '시험'은 헬라어 동사 '페이라조(πειράζω, peirazo)'와 그 명사형인 '페이라스모스(πειρασμός, peirasmos)'에서 유래한다. 성경에 전자는 무려 38번 사용되고 후자는 21번 사용된다. 이 헬라어는 영어에서 문맥에 따라 'experiment', 'trial', 'temptation' 등으로 번역한다. 주기도문에 나타나 있는 '시험'은 신앙의 연단을 위한 테스트로서의 '시험'보다는 악마로부터 오는 유혹을 뜻한다. 한 성경학자는 주기도문의 마지막 청원과 관련하여 수동적으로 시험으로부터의 보호를 뜻하기보다는 오히려 좀 더 적극적으로 시험 안에서의 보존과 승리를 뜻한다고 지적한다.

'역사'나 '시험'보다 훨씬 더 심각한 것이 '외식하다'라는 낱말이다. "외식하는 자들아 어찌하여 나를 시험하느냐"(「마태복음」 22장 16절)라는 구절이 좋은 예다. 또한 "화 있을진저 외식하는 서기관들과 바리새인들이여 너희가 박하와 회향과 근채의 십일조는 드리되 율법의 더 중한 바 정의와 긍휼과 믿음은 버렸도다"(「마태복음」 23장 23절)도 마찬가지다. 이렇게 '외식하다'는 동사를 사용한다는 점에서는 개역한글에도 개역개정의 번역과 크게 다르지 않다.

젊은 세대 중에는 '외식하다'라는 말을 잘 이해하지 못하는 사람이 많을지 모른다. 집 밖에서 식사하는 것을 경계하는 말로 받아들일 사람이 아마 적지 않을 것 같다. 특히 나이 어린 사람들은 예수가 집에서 식사하지 않고 밖에 나가 밥을 사 먹는 것을 왜 그렇게 싫어할까 하고 의아하게 생각할지도 모른다. 집에서 음식을 조리하여 식사하는 대신 식당이나 레스토랑에 가서 식사하는 사람들이 점차 늘고 있는 요즈음에는 더더욱 그러할 것이다. 또한 최근 들어 1인 가족의 수가 점차 늘어나면서 편의점에 판매하는 음식을 이용하는 사람도 적지 않다.

두말할 나위 없이 '외식'이 하나 이상의 의미를 지닌 동음이의어이기 때문에 비롯하는 현상이다. '외식(外飾)'은 ① 겉만 보기 좋게 꾸미어 드러내다, ② 위선을 부리다, ③ 거짓을 꾸미다 등을 뜻한다. 한편 외식(外食)은 음식을 집에서 직접 해 먹지 아니하고 밖에서 사 먹는 행위나 그러한 식사를 일컫는다. 일본에서는 식당에서 식사를 하지 않고 집에서 직접 조리하여 식사하는 것을 '나이쇼쿠(內食)'라고 부른다. 한편 일본에서 '나카쇼쿠(中食)'라고 하면 점심식사를 가리키는 것이 아니라 외식과 내식의 중간 형태, 즉 음식점이나 편의점에서 만들어놓은 음식을 사 집에 와서 하는 식사를 가리킨다. 일본의 영향을 받아서인지 요즈음에는 한국에서도 '외식'과 구분 짓기 위하여 '내식'이라는 말을 더러 사용하기도 한다.

물론 '외식(外飾)'은 모음을 짧게 발음하고 외식(外食)은 길게 발음하는 데서 의미를 구분 지을 수 있지만 요즈음 한국어에서 소리의 장단을 제대로 구분하지 않는다. 더구나 문자로 기록되었을 때는 오직 문맥에 따라 그 의미를 구분할 수밖에 없다. 더구나 요즈음에는 '외식하다'라는 동사는 전자의 뜻으로는 좀처럼 사용하지 않기 때문에 더욱더 혼란을 불러온다.

그래서 공동번역에서는 "율법학자들과 바리사이파 사람들아, 너희 같은 위선자들은 화를 입을 것이다"로 옮겼고, 새 번역에서도 "위선자들아! 너희에게 화가 있다!"로 옮겼다. 흔히 '흠정역(欽定譯)'으로 일컫는 '킹 제임스 성경'에서도 "예수님께서 그들의 사악함을 아시고 이르시되, 너희 위선자들아, 너희가 어찌하여 나를 시험하느냐?"로 번역하였다. 이렇게 '위선자'로 하면 될 것을 굳이 '외식하는 자'로 옮겨 오해를 불러올 필요는 없을 것이다.

이번에는 「야고보서」 1장 15절을 한 예로 들어보기로 하자. 개역개정과 개역한글에서는 "욕심이 잉태한즉 죄를 낳고 죄가 장성한즉 사망을 낳느니라"로 번역하였다. 「로마서」의 "죄의 삯은 사망이요 하나님의 은사는 그리스도 예수 우리 주 안에 있는 영생이니라"(6장 23절)라는 구절과 일맥 상통하는 구절이다. 「야고보서」의 구절의 번역은 공동번역 과 새번역에서도 개역개정과 개역한글의 번역을 그대로 따른다. 공동번역에는 "욕심이 잉태하면 죄를 낳고 죄가 자라면 죽음을 가져옵니다"로 번역하였고, 새번역에서는 "욕심이 잉태하면 죄를 낳고, 죄가 자라면 죽음을 낳습니다"로 번역하였다.

「야고보서」 1장 15절에서는 잉태에서 사망에 이르는 성장의 은유가 찬란하게 빛을 내뿜는다. 마음속에 죄가 싹터 갓난아이처럼 '잉태 → 출산 → 성장 → 사망'의 과정을 겪는 모습이 피부에 와 닿기 때문이다. 이 구절은 얼핏 '하나님과 주 예수 그리스도의 종' 야고보가 흩어져 있는 열두 지파에게 단순히 욕심을 경계하는 말로 들린다. 기독교에서나 세속에서나 욕심은 모든 악의 근원이 아닌가. 야고보의 가르침은 동양 문화권에서 말하는 '소탐대실'의 개념과도 그다지 멀지 않다. 그러나 욕심이라고 하면 흔히 물질적 탐욕을 생각하기 쉽지만 육체적 탐욕이나 정신적 탐욕도 그것 못지않게 중요하다. 어떤 의미에서는 야고보는 여기서 육체적 탐욕을 경계하는 것 같다.

'욕심'은 헬라어 '에피투미아(ἐπιθυμία, epithumia)'를 번역한 말이다. 이 헬라어는 신약성경에 모두 37번에 걸쳐 사용되는 데 「로마서」에 5번, 「베드로전서」와 「베드로후서」에 각각 4번씩 사용된다. 이 헬라어는 영어에서는 문맥에 따라 'desire', 'craving', 'longing', 'lust' 등으로 번역한다. 그런데 「야고보서」 1장 15절의 구절을 '새 국제판 성경(NIV)'과 '새 미국 표준 성경(NASB)' 같은 영어 성경에서는 '욕심'을 하나같이 'desire'로 번역하였다. 오직 '킹 제임스 성경'만이 '육욕'의 뜻으로 해석하여 'lust'로 번역하였다. 신학자들과 성경 번역자들은 야고보가 의도한 의미가 일반적 의미의 탐욕인지 육욕인지 좀 더 연구하여 판단해야 할 것이다.

여기서 잠깐 일본의 성경 번역을 짚고 넘어가는 좋을 것 같다. 1880년 신약전서가 번역되고 1887년 구약전서가 번역되면서 이른바 '메이지역(明治譯)'이 나왔다. '메이지역'에 이어 1955년 구어체로 개정되어 나온 성경이 지금까지 가장 널리 쓰이는 '신가이야쿠(新改譯) 성경'이다. 1987년에는 개신교와 가톨릭교회가 공동으로 번역한 '신쿄도야쿠(新共同譯) 성경'이 출간되어 나왔다.

그런데 「야고보서」 1장 15절을 '신가이야쿠'에서는 "욕심이 잉태한즉(欲がはらむと)……"으로 번역한 반면, '신쿄도야쿠'에서는 "욕망은 벗어나(欲望ははらんで)……"로 번역하였다. 일본어 사전에 따르면 '욕쿠'는 무엇인가를 하고 싶다고 생각하는 마음으로 풀이하면서 고대 그리스어(헬라어)

'에피투미아'와 라틴어 '쿠피오(cupio)의 어원을 언급한다. 한편 '요쿠보(欲望)'는 '욕구'와 같은 뜻으로 풀이한다. '욕쿠'는 인간의 본능에서 비롯하는 것인 반면, '요쿠보'는 본능과는 비교적 무관하게 부족을 느끼고 그것을 채우려고 몹시 바라는 심적 상태다.

중국어와 일본어의 흔적들

한글성경의 초기 번역에서 볼 수 있듯이 서양 선교사들을 중심으로 한국인 조사들의 도움으로 이루어졌다. 앞에서도 언급했듯이 이응찬처럼 존 로스와 존 매킨타이어를 도와 성경 번역에 참여한 조사의 대부분은 한학자들이었고, 출생 지역으로 보면 평안도 출신이 가장 많았다. 선교사와 조사들을 도와준 사람들도 거의 대부분 평안도 출신이었다. 그러다 보니 초기 성경 번역에는 한자어와 한문투의 구절이 많은 데다 알게 모르게 평안도 사투리가 적잖이 섞여 있었다. 또한 이수정처럼 일본에 거주하면서 성경을 번역한 사람은 일본어에서 직접 또는 간접 영향을 받을 수밖에 없었다.

전무용은 초기 로스 번역「요한복음」의 표기법에 관한

논문에서 "당시 의주 출신 번역가들은 자신들이 사용하는 사투리로 성경을 번역했고 존 로스의 성경 본문에도 평안도 사투리가 배어 있는 것을 볼 수 있다"고 지적한다. 전무용의 지적대로 실제로 로스의 번역본 곳곳에 평안도 사투리나 평안도식 표현들을 그다지 어렵지 않게 찾아볼 수 있다.

만주 지역에서 문서 사역에 종사한 스코틀랜드 선교사 존 로스.

모음에서는 가령 '오맘/오마니(어머니)'처럼 후설모음 'ㅡ'는 'ㅜ'에, 'ㅓ'는 'ㅗ'로 표기되었다. 또한 '디키면(지키면)', '정딕케(정직케)', '공경티(공경하지)', '나아오디(나아가지)', '맛당티(마땅하지, 합당하지)', '세상을 이갓티(세상을 이같이)'처럼 구개음화가 이루어지지 않은 표기법을 사용하였다.

이렇게 평안도 지방 사투리와 한문을 기반으로 번역한 로스의 『예수셩교젼셔』(1887)는 당시 평안도 사람들에게는 비교적 친숙하게 읽혔다. 그러나 다른 지역 사람들이 읽기에 어려워 평안도 남쪽 한반도에 기독교 복음을 전파하는 데는 걸림돌이 되었다. 미국인 선교사 호러스 그랜트 언더우드와 헨리 아펜젤러 등이 중심이 되어 성경을 새롭게 번역하기 시작한 데는 잘못된 곳을 수정하려는 목적 말고도 지방 사투리에서 벗어나 좀 더 표준어를 구사하여 번역하려는 시도도 큰 몫을 하였다.

한국상임성서위원회의 번역은 로스 번역과 비교하여 훨씬 가독성이 높아졌지만 몇 가지 점에서는 여전히 문제점이 있었다. 그중 하나가 현대 독자들에게는 어려운 한자어를 많이 사용한다는 점이었다. 그것은 아마 최병헌(崔炳憲), 조한규(趙閑奎), 이창직(李昌稙), 이원모(李源謨), 정동명(鄭東鳴), 문명호(文明浩), 김명준(金明濬), 홍준(洪埈) 같은 조사들이 한학자들이기 때문일 것이다. 이러한 한자어 사용은 개역개정이나 개역한글에서도 마치 덜 진화된 원숭이 꼬리처럼 여전히 남아 있다.

예를 들어 「이사야」에는 "이는 한 아기가 우리에게 났고 한 아들을 우리에게 주신 바 되었는데 그의 어깨에는 정사를 메었고 그의 이름은 기묘자라, 모사라, 전능하신 하나님이라, 영존하시는 아버지라, 평강의 왕이라 할 것임이라"(9장 6절)라는 구절이 나온다. 개역개정 「사사기」에는 "여호와의 사자가 그에게 이르되 어찌하여 내 이름을 묻느냐 내 이름은 기묘자라 하니라"(13장 18절)라는 구절이 나온다. 개역한글에는 "여호와의 사자가 그에게 이르시되 어찌하여 이를 묻느냐 내 이름은 기묘니라"라고 되어 있다.

성경 번역에 참여한 미국과 캐나다 선교사들과 성경 번역을 도운 한국인 조사들.

　이렇게 성경 곳곳에 자주 쓰이는 '기묘자'나 '기묘'가 과연 무엇을 뜻하는지 도무지 알 수 없다. 성경 사전에 따르면 히브리어 '펠레(pele)'에서 유래한 '기묘(奇妙)'는 '경이'나 '비범' 등을 뜻하고, '기묘자(奇妙者)'는 '놀라운 것'이나 '하나님의 기적을 행하는 자'를 뜻한다. 한글사전에는 '기묘자'는 등재되어 있지 않고 오직 기이하고 신묘함을 뜻하는 '기묘'만이 등재되어 있다. 새국제판성경(NIV)에는 'Wonderful Counselor'로 번역되어 있을 뿐이다. 이사야 선지자가 예수 그리스도의 탄생을 예언한 이 구절은 예수를 지칭하는 여러 이름 중 하나다.

　「이사야」의 구절을 공동번역에서는 '탁월한 경륜가'로,

새번역에서는 '놀라우신 조언자'로 번역하였다. 한편 「사사기」의 구절은 공동번역과 새번역에서 다 같이 "자기의 이름은 비밀이라고 하였다"로 옮겼다. '기묘자'와 동격으로 사용하는 '모사'도 이상야릇하기는 마찬가지다. '모사'는 '기묘자'보다는 자주 쓰이는 낱말이지만 함축적 의미에서 모사(謀士)라는 낱말에는 부정적 의미가 실려 있다. 꾀를 써서 일이 잘 이루어지게 사람을 뜻하기 때문이다. 물론 '모사'의 뿌리인 히브리어 '요에스(joez)'는 "말로 거들거나 깨우쳐 주어서 도와주는 사람"이라는 뜻이 있다. 그래도 번역은 원천어의 의미 못지않게 목표어의 의미가 중요하다. 한마디로 '기묘자, 모사'는 '훌륭한 스승'이나 '하나밖에 없는 훌륭한 선생님'으로 옮겼더라면 훨씬 더 이해하기 훨씬 더 이해하기 쉬웠을 것이다.

이렇게 난해한 한자어를 사용하여 번역하는 탓에 이해하기 힘든 경우는 이 밖에도 하나하나 헤아리기 어려울 만큼 아주 많다. 여기서 몇 가지 예를 들어보는 것으로 충분할 것 같다. 그 뜻을 쉽게 헤아릴 수 없는 낱말은 '각근(恪勤, 부지런히 힘씀)', '보장'(保障, 대피소), '자여손'(子與孫, 아들과 손자), '불가승수'(不可勝數, 너무 많아 셀 수 없음), '반구'(斑鳩, 비둘기), '보발군'(步撥軍, 전령), '보(洑)의 물'(봇물), '어눌(語訥)한 자'(말더듬이), '어거(馭車)한 자'(마부)등 하나하나 꼽을 수 없을 만큼 아주 많다. 이번에는 동사형의 실례를 개역한글과 개역개정에서 몇 가지씩 들어보기로 하자. 어려운 낱말을 한자로 표기하지 않고 한글로만 표기한 탓에 더더욱 이해하기 어렵다.

① 여호와께서 모세에게 이르시되 내려가서 백성을 <u>신칙</u>하라. 백성이 돌파하고 나 여호와께로 와서 보려고 하다가 많이 죽을까 하노라. (개역한글 「출애굽기」 19장 21절)

② 또 저희가 송아지를 부어 만들고 이르기를 이는 곧 너희를 인도하여 애굽에서 나오게 하신 하나님이라 하여 크게 <u>설만</u>하게 하였사오나. (개역한글 「느헤미야」 9장 18절)

③ 아브넬이 요압에게 이르되 청컨대 소년들로 일어나서 우리 앞에서 <u>장난</u>하게 하자 요압이 가로되 일어나게 하자 하매. (개역한글 「사무엘하」 2장 14절)

④ 기드온과 그들을 좇은 일백 명이 이경 초에 진 가에 이른즉 <u>번병</u>의 <u>체번</u>할 때라 나팔을 불며 손에 가졌던 항아리를 부수니라. (한글개역 「사사기」 7장 19절)

⑤ 사람이 맷돌의 전부나 그 위짝만이나 전집하지

말찌니 이는 그 생명을 <u>전집</u>함이니라. (개역개정
「신명기」24장 6절)

⑥ 네 하나님 여호와께서 그들을 네게 넘겨 네게 치
게 하시리니 그 때에 너는 그들을 <u>진멸</u>할 것이라.
(개역개정 「신명기」7장 2절)

항목 ①에서 '신칙(申飭)하다'와 '돌파(突破)하다'는 각
각 '경고하다'와 '밀고 들어오다'라는 뜻이다. 새번역에서는
"주님께서 모세에게 말씀하셨다. '너는 내려가서 백성에게,
나 주를 보려고 경계선을 넘어 들어오다가 많은 사람이 죽
는 일이 없도록 하라고, 단단히 일러두어라'"로 번역하였다.
항목 ②에서 '설만(褻慢)하게 하다'는 '모독하다'는 뜻으로
새번역에는 "더욱이, 우리 조상은, 금붙이를 녹여서 송아지
상을 만들고는 '우리를 이집트에서 이끌어 내신 우리의 하
나님이다' 하고 외치고, 주님을 크게 모독하였습니다"로 옮
겼다.

항목 ③에서 '장난하게 하자'의 '장난'은 '작란(作亂)'에
서 비롯한 말로 '겨루게 하자'는 뜻이다. 공동번역에서는
"아브넬이 요압에게 말을 건넸다. '젊은 군인들을 뽑아 이
자리에서 겨루게 하면 어떤가?' 요압도 그렇게 하자고 응했
다"고 번역하였다. 새번역에서도 공동번역과 거의 마찬가지

로 "그 때에 아브넬이 요압에게 이런 제안을 하였다. '젊은 이들을 내세워서, 우리 앞에서 겨루게 합시다.' 요압도 그렇게 하자고 찬성하였다"로 옮겼다.

항목 ④에서 '번병(番兵)'과 '체번(替番)'의 의미를 알고 있는 사람이 그다지 많지 않을 것 같다. 개역개정에서는 "기드온과 그와 함께 한 백 명이 이경 초에 진영 근처에 이른즉 바로 파수꾼들을 교대한 때라 그들이 나팔을 불며 손에 가졌던 항아리를 부수니라"로 번역하였다. 새번역에서는 좀 더 풀어서 "기드온과 그가 거느리는 군사 백 명이 적진의 끝에 다다른 것은, 미디안 군대의 보초가 교대를 막 끝낸 한밤중이었다. 그들은 나팔을 불며 손에 든 항아리를 깨뜨렸다"로 옮겼다.

항목 ⑤에서 '전집(典執)하다'는 '담보를 잡다'와 '저당을 잡히거나 잡다'의 뜻이다. 국어사전에는 이 낱말의 유사어로 '전질(典質)하다'를 든다. 그런데 새번역에서는 "맷돌은, 전부나 그 위짝 하나라도, 저당을 잡을 수 없습니다. 이것은 사람의 생명을 저당 잡는 것과 마찬가지이기 때문입니다"로 번역되어 있다. 이렇게 옮겨놓으니 개역개정보다 이해가 훨씬 쉽다.

항목 ⑥에서 사용한 '진멸'은 '전멸(全滅)'이나 '몰살(沒殺)'을 뜻하는 한자어 '珍滅' 또는 '盡滅'이다. 어느 쪽으로 해석하든 이 낱말은 히브리어 '헤렘(cherem, herem)'을 옮긴 것이다. 구약성경에서 모두 80번 언급되는 '헤렘'은 하느님에게 바치는 '선물', 재판의 '판결', '전멸'의 뜻으로 폭넓게 사용되었다. 새번역에서는 "…… 그 때에 당신들은 그들을 전멸시켜야 합니다"로 번역하였다.

한편 한글성경에는 중국 성경의 영향을 받아 어려운 한자어가 많이 들어 있듯이 일본의 영향을 받은 곳도 적지 않다. 가령 개정한글에는 "너는 구제할 때에 오른손의 하는 것을 왼손이 모르게 하여 네 구제함이 은밀하게 하라 은밀한 중에 보시는 너의 아버지가 갚으시리라"(「마태복음」 6장 3~4절)라는 구절이 나온다. 예수가 그의 제자들과 군중들에게 설교한 산상수훈 중 하나로 널리 알려진 구절이다. 그런데 '오른손의 하는 것'이라는 구절이 어딘지 한국어 어법에 맞지 않는다. 또한 한글개역 「고린도후서」에도 "그러나 비천한 자들을 위로하시는 하나님이 디도의 옴으로 우리를 위로하셨으니"(7장 6절)이라는 구절이 나온다.

무심코 듣고 불러서 그렇지 이원수(李元壽)가 시를 짓고 홍난파(洪蘭坡)가 곡을 붙여 어린이들 사이에서 널리 불려온 "나의 살던 고향은 꽃 피는 산골"이라는 동요도 마찬가지다. 이러한 표기법은 일본어의 영향을 받았기 때문이다. 일본어 문법에서는 종속절의 경우 주격조사 '가(が)'나 '은(は)' 대신에 소유격 조사 '의(の)'를 사용한다. '나의 살던 고향'은 어딘지 모르게 다꾸앙 냄새가 난다. "내가 살던 고향은 꽃 피는 산골"이라고 해야 구수한 된장 냄새가 나는 한국어 표현이다.

그래서 그런지 개역개정에서는 「마태복음」 6장 3절을 "오른손이 하는 것을 왼손이 모르게 하여"로 고쳤고, 공동번역과 새번역에서도 "오른손이 하는 일을 왼손이 모르게 하여"로 고쳤다. 이와 마찬가지로 「고린도후서」 7장 6절도 개역개정에서는 "그러나 낙심한 자들을 위로하시는 하나님이 디도가 옴으로 우리를 위로하셨으니"로 고쳐 번역하였다.

이렇게 주격조사를 소유격조사로 대신 사용하는 것은 개역한글보다 훨씬 앞서 이수정이 번역한 『신약마가젼복음셔언ᄒᆞ』(1885)에서도 쉽게 찾아볼 수 있다. "예언자(豫言者)의 기록(記錄)한 바의 일너스되 보라 닌나의 사쟈(使者)를 네 압히 보닌여써 네 도(道)를 갓츄게 ᄒᆞ리라 ᄒᆞᆫ 말과 곳치"에서 '예언자가 기록한 바가'라고 번역해야 할 것은 '예언자의 기록한 바의'로 번역하였다.

한편 민영진(閔永珍), 전무용, 김사요 같은 성경 번역학자들이 지적하듯이 일제 강점기에 나온 한글성경에는 낱말을 선택하는 데도 일본어의 영향을 많이 받았다. 더구나 메이지 유신 때 '만들어진' 관념어의 영향은 거의 절대적이라고 하여도 크게 틀리지 않는다. 흔히 '와세이칸고(和製漢語)'로 일컫는 일본식 한자어는 한자의 음과 뜻을 빌려 다양한 방법으로 만들어낸 한자다. 특히 근대 이후 서양 문물을 받아들여 소화하는 과정에서 만들어진 한자어를 주로 가리킨다. 물론 메이지 시대 이후에도 '신칸고(新漢語)'라고 하여 새로운 용어를 만들어내기도 하였다. '종교(宗敎)'를 비롯하여 '자유(自由)', '관념(觀念)', '복지(福祉)', '혁명(革命)'처럼 예로부터 중국의 고전에서 사용한 한자어에 새로운 의미를 부여하여 만들어낸 것들도 있다.

한글성경에서는 '면박(面帕)'처럼 한국어나 중국어에서는 좀처럼 찾아볼 수 없고 오직 일본어서만 찾아볼 수 있는 낱말을 가끔 만나게 된다. 개역개정「이사야」에는 "귀 고리와 팔목 고리와 면박과……"(3장 19절)라는 구절이 나온다. 도대체 '면박'이 무엇을 뜻하는지 알아차리기란 그렇게 쉽게 않다. 다만 한자 '面'과 '帕'으로 미루어보아 얼굴 수건을 뜻하는 것이 아닌지 겨우 미루어볼 따름이다. 개역개정에서는 "귀 고리와 팔목 고리와 얼굴 가리개와"로, 새번역에서는 "귀고리, 팔찌, 머리쓰개"로 고쳤다.

'면박'보다는 훨씬 더 자주 쓰이는 '식사(食事)'도 현해탄을 건너 일본어에서 온 낱말이다. 개역개정「룻기」에는 "식사할 때에 보아스가 룻에게 이르되 이리로 와서 떡을 먹으며 네 떡 조각을 초에 찍으라 하므로 룻이 곡식 베는 자 곁에 앉으니 그가 볶은 곡식을 주매 룻이 배불리 먹고 남았더라"(2장 14절)라는 구절이 나온다. 한글개역에서도 "식사할 때에 보아스가 룻에게 이르되 이리로 와서 떡을 먹으며……"로 번역하였다. 그러나 새번역에서는 "먹을 때가 되어서, 보아스가 그에게 말하였다. '이리로 오시오. 음식을 듭시다. 빵 조각을 초에 찍어서 드시오.' 룻이 일꾼들 옆에 앉으니, 보아스는 그 여인에게 볶은 곡식을 내주었다. 볶은 곡식은 룻이 배불리 먹고도 남았다"로 쉽게 풀어서 번역하였다.

떡인가, 식물인가, 무역인가

번역 연구나 번역학에서 약방의 감초처럼 자주 입에 오르내리는 것이 다름 아닌 축역(逐譯) 또는 '축자역(逐字譯)'과 의역(意譯) 또는 '자유역(自由譯)'을 둘러싼 문제다. 지금까지 번역의 역사는 곧 이 두 용어나 개념을 둘러싼 논쟁의 역사라고 하여도 크게 틀리지 않는다. 일제 강점기에 일본의 영향을 받은 탓에 식민지 조선에서 그동안 '축역'이나 '축자역'이라는 용어가 '직역(直譯)'의 의미로 널리 사용되어 왔다. 지금도 '의역'의 반대말로 '축역'을 자주 사용한다. 실제로 지금 한국에서는 열에 여덟이나 아홉은 '직역'을 이러한 의미로 사용하고 있다. '직역체'를 "외국어를 그대로 번역한 투의 문체"로 정의하는 것도 직역을 이러한 의미로 받아들이기 때문이다.

그러나 엄밀히 말해서 '직역'이란 원천어로 된 텍스트를 목표어로 직접 옮기는 번역 방식을 말한다. 다른 외국어로 번역한 것을 다시 자국어로 옮기는 행위를 가리키는 '중역(重譯)'과 대립되는 용어다. 그러므로 '의역'이나 '자유역'의 반대말로는 '직역'이라는 용어는 적절하지 않고 '축역'이라는 용어를 사용하는 것이 바람직하다. 그렇지 않으면 개념에서 큰 혼란이 빚어질 수밖에 없다.

중역에는 한 다리를 걸친 이중역과 두 다리를 걸친 삼중역 등이 있다. 가령 '난파(蘭坡)'라는 필명으로 더욱 잘 알려진 음악가 홍영후(洪永厚)와 소설가 민태원(閔泰瑗)이 『애사(哀史)』라는 제목으로 번역한 작품은 일본인 번역가 구로이와 루이코(黑岩淚香)가 빅토르 위고의 『레미제라블』(1862)을 『아무죠(噫無情)』라는 제목으로 일본어로 번역한 것을 다시 한국어로 번역한 중역이다. 한국에서 이 작품이 직역되어 나온 것은 21세기에 들어와서의 일로 펭귄클래식코리아가 2010년에 다섯 권짜리 완역본을 내놓았고, 2012년에 민음사도 역시 다섯 권 분량으로 완역본을 내놓았다. 범우사와 동

서문화사에서는 이 두 출판사보다 먼저 번역본을 출간했지만, 번역본 곳곳에서 일본어에서 중역한 흔적이 나타난다.

한편 한국 번역사의 첫 장을 장식하는 '이동'의 『유옥역전』은 삼중역의 대표적인 예로 꼽을 만하다. 일본에서는 일찍이 1875년에 나가미네 히데키(永峯秀樹)가 이슬람 문화권의 고전인 『아라비안나이트』를 『아라비야 모노가타리(暴夜物語)』라는 제목으로 일본어로 번역하였다. 이 책은 흔히 유럽 문학 작품을 일본어로 최초로 번역한 예로 꼽힌다. 그런데 아랍어를 해독할 수 없던 나가미네는 이 책을 번역하면서 조지 파일러 타운센드가 영어로 번역한 책을 저본으로 삼았다.

1888년에는 이노우에 쓰토무(井上勤)가 이 작품을 좀 더 쉬운 일본어로 다시 번역하여 『젠세카이 이치다이키쇼(全世界一代奇書)』라는 책에 수록하면서 관심을 끌기 시작하였다. 이노우에의 번역은 메이지 시대를 비롯하여 다이쇼(大正)와 쇼와(昭和) 시대 일본 문학에 엄청난 영향을 끼쳤다. '이동'은 이 작품을 한국어로 번역하면서 이노우에의 일본어 번역을 저본으로 삼았다. 그러므로 이동의 『유옥역전』은 '아랍어 → 영어 → 일본어 → 한국어'의 번역 과정을 거쳐 만들어진 셈이다.

축역과 의역 사이

국어사전에는 '축역'을 "외국어 원문의 한 구절 한 구절을 본래의 뜻에 충실하게 번역하는 방법"으로 풀이한다. 축역의 유의어로 나오는 직역은 "외국어로 된 말이나 글을 단어 의미에 충실하게 번역함. 또는 그런 번역"으로 풀이되어 있다. 그러나 방금 앞에서 언급했듯이 직역의 정의로는 적절하지 않다. 한편 '의역'은 "원문의 단어나 구절에 지나치게 얽매이지 않고 전체의 뜻을 살리어 번역함. 또는 그런 번역"이라고 풀이한다. 쉽게 말해서 축역은 원문을 낱말 대 낱말, 구절 대 구절, 문장 대 문장으로 충실히 옮기는 번역 방식인 반면, 의역은 자구에 얽매이지 않고 원문의 의미를 전달하는 데 주력하는 번역 방식이다.

예를 들어 오래된 서양 속담 "A rolling stone gathers no moss"를 한 예로 들어보기로 하자. 기원전 1세기에 살았던 고대 로마의 작가이자 풍자시인인 푸블릴리우스 시루스가 처음 사용했다는 이 속담을 축어적으로 번역한다면 "구르는 돌에는 이끼가 끼지 않는다"로 해야 할 것이다. 중국어로도 '轉石無苔'라고 한다. 그러나 막상 이렇게 번역해 놓고 보니 그 뜻을 헤아리기란 여간 어렵지 않다. 이끼를 어떻게 보느냐에 따라 그 의미가 사뭇 달라지기 때문이다. 만약 이끼를 좋은 것으로 해석하여 의역한다면 "이사가 잦으면 복이 없다" 또는 "우물을 파도 한 우물을 파라"가 될 것이다. 직장도 한 직장에 오래 머물러야 승진도 하고 월급도 더 많이 받게 되지 계속 직장을 옮겨 다니다 보면 언제나 말단 직원이 될 수밖에 없다.

이와는 반대로 이끼를 나쁜 것으로 해석하여 의역한다면 어느 한 곳에 안주하지 말고 끊임없이 부지런하게 움직여야 한다는 진취적인 뜻으로 번역할 것이다. 18세기 신생국가 미국은 한편으로는 원주민과 싸우고 다른 한편으로는 황무지를 개척하는 등 진취적 정신이 무엇보다도 존중을 받았다. 이러한 상황에서 "구르는 돌에는 이끼가 끼지 않는다"는 격언은 쉬지 말고 부지런하게 활동해야 한다는 긍정적 의미로 받아들였다.

이렇듯 축역과 의역을 둘러싼 문제는 문학 번역가를 비롯한 모든 번역가들이 으레 부딪치게 마련인 가장 현실적인 문제다. 이 문제는 번역가들이라면 반드시 넘어가야 하는 높은 산맥이다. 특히 성경 번역자들에게도 이 문제는 그동안 크나큰 도전이 아닐 수 없었다. 「디모데후서」에 "모든 성경은 하나님의 영감으로 된 것으로서 교훈과 책망과 바르게 함과 의로 교육하기에 유익합니다"(3장 16절)라고 기록되어 있지 않은가.

흔히 '70인 역(Septuagint)'으로 일컫는 성경은 서양에서 축역의 가장 대표적인 예로 꼽힌다. 약자로 'LXX'로 표기하는 이 성경은 히브리어 구약성경 원문을 고대 그리스어(헬라어)로 옮긴 최초의 번역이다. 기원전 2~3세기에 이집트의 알렉산드리아에 살고 있던 유대인들은 자녀들의 신앙 교육을 위해 히브리어로 기록된 자신들의 성경을 고대 그리스어로 번역하기 시작하였다. 이 성경을 '70인 역'이라고 부르는 것은 이스라엘 12지파에서 여섯 명씩 뽑은 72명의 번역자들이 이집트의 알렉산드리아에서 각각 독방에 틀어박혀 구약성경 전체를 번역했기 때문이다. 그런데 전설에 따르면 놀

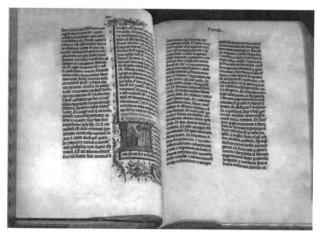

『70인 역 성경』의 한 페이지.

랍게도 독방에서 따로 작업한 그들의 번역이 모두 한결같았다고 전해진다. 만약 '낱말 대 낱말'로 축역하지 않았다면 70여 명의 번역본이 하나같이 똑같을 리가 없을 것이다.

서구 번역사에서 '70인 역' 성경에서 본격적으로 시작한 축역 전통은 성경 번역뿐 아니라 모든 번역의 짐을 떠받들고 있는 두 기둥 가운데 하나였다. 체코슬로바키아에서 태어나 주로 영국에서 활약한 피터 뉴마크는 유진 A. 나이더의 '의사소통적 번역'에 맞서 '의미론적 번역'을 주창하면서 축역이야말로 가장 바람직한 번역 방식이라고 주장한다. 흥미롭게도 그는 형식이 내용 못지않게 중요한 연설과 자서전 그리고 문학 작품에서는 반드시 축역해야 한다고 지적한다.

한국어 성경을 번역하는 경우에도 예외가 아니어서 축역과 의역, 축자역과 자유역을 둘러싼 문제는 아주 중요하였다. 이와 관련하여 「전도서」11장 1~2절은 더할 나위 없이 좋은 예가 된다. 이 구절은 신구약 성경을 통틀어 다른 어떤 구절보다도 번역본 사이에 큰 차이가 난다. 한국어 번역을 살펴보기 전에 먼저 히브리어 원문은 생략하고 헬라어와 라틴어와 영어 원문을 보기로 하자.

헬라어: αποστειλον τον αρτον σου επι προσωπον του υδατος οτι εν πληθει των ημερων ευρησεις αυτον.

라틴어: mitte panem tuum super transeuntes aquas quia post multa tempora invenies illum.

영어(NIV): Cast thy bread upon the waters: for thou shalt find it after many days.

영어(King James Version): Cast thy bread upon the waters: for thou shalt find it after many days.

외국어 원문은 「전도서」 11장 1절만 인용했지만 한국어 번역본은 1~2절을 모두 인용하기로 한다. 또한 외국어 원문은 4종류만 인용한 것과는 달리 한국어 번역본에서는 6종류를 인용한다.

개역개정: 너는 네 떡을 물 위에 던져라. 여러 날 후에 도로 찾으리라. 일곱에게나 여덟에게 나눠 줄지어다. 무슨 재앙이 땅에 임할는지 네가 알지 못함이니라.

개역한글: 너는 네 식물을 위에 던지라. 여러 날 후에 도로 찾으리라. 일곱에게나 여덟에게 나눠줄찌어다. 무슨 재앙이 땅에 임할는지 네가 알지 못함이니라.

새번역: 돈이 있으면, 무역에 투자하여라. 여러 날 뒤

에 너는 이윤을 남길 것이다. 이 세상에서 네가 무슨 재난을 만날지 모르니, 투자할 때에는 일곱이나 여덟로 나누어 하여라.

공동번역: 돈이 있거든 눈 감고 사업에 투자해 두어라. 참고 기다리면 언젠가는 이윤이 되어 돌아올 것이다. 세상에서는 어떤 불운이 닥쳐올는지 모르니, 투자하더라도 대여섯 몫으로 나누어 하여라.

현대인의 성경: 너는 물질을 후하게 나누어 주어라. 언젠가는 그것이 너에게 되돌아 올 것이다. 되도록 많은 사람에게 나누어 주어라. 이 땅에 무슨 재난이 일어날지 알 수가 없다.

킹 제임스 흠정역: 네 빵을 물들 위에 던지라. 여러 날 뒤에 네가 그것을 찾으리라. 일곱에게 또 여덟에게 몫을 주라. 무슨 재앙이 땅 위에 임할는지 네가 알지 못하느니라.

킹 제임스 흠정역은 헬라어를 충실하게 축역하여 '빵'으로 옮겼다. 앞으로 곧 밝히겠지만 개역개정에서는 한국의 문화에 걸맞게 '빵'을 '떡'으로 번역했을 뿐 본질에서는 축역에서 크게 벗어나지 않는다. 이 점에서는 개역한글도 크게 다르지 않아서 '빵'을 '식물'로 옮겼다. 다만 식물은 여러 의미가 있는 다의어이므로 한자 '食物'을 병기하여 표기했더라면 '植物'과 구분하여 독자들이 좀 더 쉽게 이해할 수 있을 것이다. 한국어에서는 '식물'이라는 낱말은 좀처럼 사용하지 않고 대신 '음식'이나 '음식물' 또는 '식품'이라는 낱말을 사용한다. 어찌 되었든 먹는 음식을 가리키는 '식물'에서는 일본어 냄새가 짙게 풍긴다. 일본에서는 '食物'을 '쇼쿠모쓰'를 비롯하여 '지키모쓰', '쇼쿠부쓰', '이모노' 등으로 읽는다.

한편 새번역과 공동번역과 현대인의 성경에서는 축역 대신 의역을 시도하였다. 빵이든 떡이든 먹을 음식을 물 위에 던지라는 것은 곧 어려운 사람들에게 음덕을 베풀라는 뜻이다. 그래서 비교적 최근에 나온 이 세 성경 번역에서는 의미를 살려 번역하였다. 그래서 "돈이 있으면, 무역에 투자하여라"느니, "돈이 있거든 눈 감고 사업에 투자해 두어라"느니 하고 옮겼다.

'돈'을 비롯하여 '무역'과 '투자', '사업', '이익' 같은 낱말에서 볼 수 있듯이 새번역과 공동번역에서는 자본주의 냄새가 짙게 풍긴다. 심지어 새번역과 공동번역에서는 "세상에서는 어떤 불운이 닥쳐오는지 모르니, 투자하더라도 대여섯 몫으로 나누어 하여라"로 번역함으로써 투자 리스크를 줄이기 위하여 분산 투자를 권한다. 현대인의 성경에서는 축역과 의역을 절충하여 "너는 물질을 후하게 나누어 주어라"라고 중간 형태로 번역하는 방식을 택하였다.

안디옥 선교회의 「전도서」 주석에서는 11장 1~2절을 여러 신학자들을 인용하며 다양한 의미로 해석한다. 예를 들어 ① 상업적 관점에서 배가 먼 항해를 마치고 그 이윤을 얻어 돌아올 때까지 인내심을 가지고 물품을 계속 바다 위에 띄우라는 뜻, ② 농업에 관한 언급으로 곡식의 씨앗을 촉촉한 땅에 뿌려 추수 때 풍요로운 결실을 얻으라는 뜻, ③ '식물'을 인간 생명의 씨앗으로 볼 때 성적으로 방종한 사람을 경계하는 뜻, ④ 하느님께 대한 믿음과 신뢰를 굳세게 지님으로 삶의 진정한 즐거움을 얻으라는 뜻, ⑤ 자선이나 구제 생활을 권면하는 말로 남을 위하여 선을 베풀면 머지않아 좋은 결과로 다시 돌아온다는 뜻 등이 바로 그것이다. 「전도서」의 저자는 앞 장에서 자연, 지혜, 인생 등의 허무를 언급한 뒤 11장에 와서는 남을 위해 착한 일을 행할 것을 촉구한다.

빵인가, 떡인가, 밥인가

번역 이론에서 방법론을 두고 크게 두 갈래로 나뉜다. 하나는 '자국화(domestication)' 번역 전략이고, 다른 하나는 '이국화(foreignization)' 번역 전략이다. 18세기 후반에서 19세기 초반에 걸쳐 활약한 독일의 개신교 신학자요 번역가인 프리드리히 슐라이어마허는 전자가 저자를 독자 앞으로 옮겨놓는 번역 방식이라면 후자는 독자를 저자 앞으로 옮겨놓는 번역 방식이라고 말한 적이 있다. 그 뒤 로렌스 베누티를 비롯한 번역 이론가들이 슐라이어마허의 주장을 발전시킨 것이 바로 자국화와 이국화의 개념이다.

자국화란 글자 그대로 목표 독자가 이해하기 쉽게 자국 언어와 문화에 걸맞게 번역하는 방식을 말한다. 한편 이국화란 원천 텍스트가 자국 독자에게 낯설면 낯선 대로 그대로 번역하는 방식이다. 자국화 번역 방식으로 번역한 작품에서는 마치 자국 저자가 직접 쓴 것처럼 자연스럽게 읽힌다. 다시 말해서 이 유형의 번역에서는 번역자의 존재를 좀처럼 느끼지 못한다. 그래서 이 유형의 번역에서 번역자의 존재를 좀처럼 볼 수 없다고 하여 '불가시적 번역'이라고도 부른다.

성경을 번역할 때도 이 두 가지 번역 전략이 적잖이 문제가 된다. '빵'으로 번역할 것인가, '떡'으로 번역할 것인가, '밥'으로 번역할 것인가? 그것도 아니라면 '음식'이나 '먹거리'로 번역해야 할 것인가? 개역개정과 개역한글에서는 "내가 곧 생명의 떡이니라"(「요한복음」6장 48절)라는 구절이 나온다. 한편 공동번역과 새번역에서는 같은 구절을 "나는 생명의 빵이다"로 옮겼다. 이번에는 예수 그리스도가 광야에서 40일 동안 마귀한테 유혹받는 장면을 기록한 「마태복음」 4장 3~4절을 ① 개역개정, ② 개역한글, ③ 공동번역, ④ 새번역에서 각각 어떻게 번역했는지 살펴보자.

개역개정: 시험하는 자가 예수께 나아와서 이르되 네가 만일 하나님의 아들이어든 명하여 이 돌들로 떡덩이가 되게 하라. 예수께서 대답하여 이르시되 기록되었으되 사람이 떡으로만 살 것이 아니요 하나님의 입으로부터 나오는 모든 말씀으로 살 것이라 하였느니라.

개역한글: 시험하는 자가 예수께 나아와서 가로되 네가 만일 하나님의 아들이어든 명하여 이 돌이 떡덩이가 되게 하라. 예수께서 대답하여 가라사대 기록되었으되 사람이 떡으로만 살 것이 아니요 하나님의 입으로 나오는 모든 말씀으로 살 것이라 하였느니라.

공동번역: 유혹하는 자가 와서 "당신이 하느님의 아

들이거든 이 돌더러 빵이 되라고 해보시오." 하고 말하였다. 예수께서는 "성서에 '사람이 빵으로만 사는 것이 아니라 하느님의 입에서 나오는 모든 말씀으로 살리라' 하지 않았느냐?" 하고 대답하셨다.

　　새번역: 시험하는 자가 와서, 예수께 말하였다. "네가 하나님의 아들이거든, 이 돌들에게 빵이 되라고 말해 보아라." 예수께서 대답하셨다. "성경에 기록하기를 '사람이 빵으로만 살 것이 아니라, 하나님의 입에서 나오는 모든 말씀으로 살 것이다' 하였다."

　　위 인용문에서 볼 수 있듯이 개역개정과 개역한글에서는 자국화 번역 전략에 따라 '떡'으로 옮긴 반면, 공동번역과 새번역에서는 이국화 번역 전략에 따라 '빵'으로 옮겼다. 한국에서 떡은 상고시대부터 명절이나 제사 같은 여러 의례때 많이 쓰였고, 이러한 관습은 오늘까지 계승되어 오고 있는 실정이다. 그러나 근대기에 서양문물과 더불어 빵이 들어오기 시작하여 떡과 함께 중요한 음식으로 자리 잡기 시작하였다.

　　제주도에 표류하여 조선에서 13년 동안 억류되어 있다가 우여곡절 끝에 귀국한 네덜란드인 헨드릭 하멜은 17세기 조선 생활상을 기록한 『하멜 표류기』(1668)에서 "배급받은 밀가루로 탈출 용도로 빵을 만들었다"는 내용이 나온다. 조선인으로 빵을 처음 먹어 본 사람은 1720년 중국에 연행사로 갔던 이이명(李頤命)과 그의 아들 이기지(李器之)로 알려져 있다. 두 사람은 베이징(北京)의 천주당에서 '서양떡[西洋餠]'을 먹었다는 기록을 남겼다. 1884년 한국-러시아수호통상조약이 체결된 뒤 러시아인 카를 이바노비치 베베르 공사의 처제인 안토니트 존탁(한국 이름 孫澤)이 공관 앞에 중동구락부를 개설하고 국내 최초의 빵을 선보이면서 중국식 이름을 따서 '면포(麵麭)'라고 불렀다. 그 뒤 가톨릭과 개신교 선교사들이 입국하면서 성찬식에 빵을 사용하기 시작하였다.

그러다가 빵이 좀 더 널리 알려진 것은 일제 강점기에 접어들면서부터였다. 메이지 유신 이후 일본 정부는 군인들이 쌀밥으로 각기병에 걸리자 그것을 해결하려고 밀가루로 만든 빵을 공급하도록 하였다. 일본인들이 1919년에는 진남포에, 1921년에는 경성의 용산에 제분공장을 설립하면서 빵에 대한 관심이 많아졌다. 1932년 9월《부산일보》에는 밀가루 가격이 폭등하여 팡(빵) 값이 오르자 소매업자들이 반대했다는 기사가 실려 있다. 1933년 5월《매일신보》도 빵을 만들던 솥이 터져 중경상자가 발생했다는 기사를 실었다. 이처럼 1930년대 초엽이 되면 빵은 조선인의 식생활에서 중요한 일부분을 차지하였다. 그러므로 공동번역과 새번역에서

'떡' 대신 '빵'으로 옮긴 것은 이러한 시대적 변화를 반영한 것으로 볼 수 있다.

그런데 '빵'은 본디 영어 낱말이 아니라 포르투갈어 '뻐웅(pāo)'에서 유래하였다. 라틴어 'panis'에 뿌리를 두는 이 말은 로망스어 계통의 언어에서는 서로 비슷비슷하여 이탈리아어에서는 '파네(pane)', 스페인어에서는 '판(pan)', 프랑스어에서는 '팽(pain)'이 되었다. 한국어에서 외래어이면서도 고유어처럼 널리 쓰이는 '빵'은 일본어 '팡(パン)'의 영향을 받아서 그렇게 부르게 된 것이다.

한글성경에서 '떡'이나 '빵'으로 번역한 낱말은 헬라어 '아르토스(ἄρτος, artos)'다. '아르토스'의 번역과 관련하여 초기 한글성경 번역은 무척 흥미롭다. 1887년의 존 로스 역에서는 '밥'으로 번역하였다. 한편 이수정은 한자어 그대로 '餠'으로 번역하였다. 1911년의 구역 『성경전셔』에서도 한자어 '餠'을 그대로 번역하여 '쩍'으로 표기하였다. '餠'은 떡을 뜻하기 때문에 '떡'은 그 중국어를 한국어로 번역한 것으로 생각하기 쉽지만 좀 더 엄밀히 말하면 반드시 그렇지만도 않다. 중국어 성경에서 '빵'을 그대로 음차하여 '빙(餠)'이라고 한 것을 그대로 받아들인 것이다. 당시 조선인들에게는 '빵'보다는 '떡'이 훨씬 더 친숙한 표현이었으므로 '빙'의 음차로 '빵'을 자연스럽게 받아들였다. 1938년의 『성경 개역』에서는 음식 이름을 구체적으로 밝히지 않고 뭉뚱그려 그냥 '식사'로 번역하였다.

그렇다면 예수 그리스도가 행한 기적 중에서 최고의 기적으로 흔히 꼽히는 '오병이어(五餠二魚)'도 '오빵이어'로 새롭게 번역해야 하지 않을까. 물론 한자 성어에 외래어가 들어가 마치 갓 쓰고 자전거 타는 모양새이지만 의미로 보면 그것이 오히려 더 적절할지도 모른다. 가톨릭에서도 이 표현을 관용적으로 사용하기는 하지만 공식적으로는 '빵 다섯 개와 물고기 두 마리의 기적' 또는 '오천 명을 먹이신 기적'으로 풀어서 말한다.

'양(羊)'도 '빵' 못지않게 문화적 의미가 실린 낱말이다. 이 또한 자국화 번역 전략을 택할 것인가, 이국화 번역 전략을 택할 것인가 고민하게 되는 이른바 '문화 담재적(擔載的)' 어휘 중 하나다. 사복음서에는 구약 시대의 마지막 예언자인 세례자 요한이 요단강 건너편 베다니에서 일어난 사건이 기록되어 있다. 「요한복음」에는 "이튿날 요한이 예수께서 자기에게 나아오심을 보고 이르되 보

제임스 게일이 번역하여 1925년 윤치호가 대표로 있던 기독교창문사에서 출간한 『신역 신구약 전서』.

라 세상 죄를 지고 가는 하나님의 어린 양이로다"(1장 29절)라는 구절이 나온다. 표현은 조금씩 달라도 개역개정, 개역한글, 공동번역, 새번역 등 모든 한글성경에는 하나같이 예수 그리스도를 '하나님의 어린 양'으로 번역하였다. 여기서 '어린 양'은 히브리어 '시 하엘로힘('Seh Ha-Elohim)'을 번역한 말이다. 성숙한 양 '크베쉬(keves)'와는 달리 새끼 양은 성경에서 희생 제물로 자주 쓰인다.

그런데 한글성경 번역자들이 부딪친 문제 중 하나는 한반도에서 염소는 볼 수 있어도 양을 보기는 어렵다는 데 있었다. 특히 이 점을 처음 제기한 번역자는 당시 어떤 번역자들보다 한국 언어와 문화에 조예가 깊은 캐나다 선교사 제임스 게일이었다. 성경번역위원회에서는 열띤 토론 끝에 그냥 '양'과 '어린 양'으로 번역하기로 의견을 모았다.

실제로 양을 둘러싼 번역 문제는 비단 한글성경 번역가들만의 문제는 아니었다. 가령 일 년 내내 눈 속에서 살아가는 이누이트족에게는 아마 '양'처럼 낯선 낱말도 없을 것이다. 미국의 알래스카주, 그린란드, 캐나다 북부와 시베리아 극동 지역에 사는 원주민인 이누이트족에는 눈[雪]을 가리키는 낱말이 무려 50여 개나 된다. 이러한 상황에서 이누이트 원주민들에게 양은 열대 과일 '바나나'만큼이나 생소할 것이다. 2012년 캐나다성서공회는 이누이트어로 성경을 번역하면서 '어린 양'을 어떻게 옮길 것이냐를 두고 한글성경의 초기 번역자들과 똑같은 문제에 부딪혔다. 고심 끝에 그들은 영어 'lamb'에 해당하는 이누이트 낱말로 '물개'를 선택하였다. 그래서 그들은 '하느님의 어린 양'을 '하느님의 어린 물개'로 번역하였다.

현대 번역 이론에 굵직한 획을 그은 학자 중에 미국의 성경학자 유진 나이더를 빼놓을 수 없다. 1940년대부터 성서 번역에 깊은 관심을 기울여 온 그는 의미론과 화용론 분야에서 이루어진 새로운 연구 성과를 폭넓게 적용하여 번역 이론을 좀 더 과학적 학문의 수준으로 끌어올리는 데 크게 이바지하였다. 나이더는 『번역학을 위하여』(1964)와 찰스 테이버와 함께 저술한 『번역의 이론과 실제』(1969, 1982)에서 '형식적 등가'와 '역동적 등가'의 개념을 처음 제시하였다. 전자는 원천어 지향적인 번역 방법을 말하고, 후자는 목표어 지향적인 번역 방법을 말한다.

다시 말해서 나이더가 말하는 형식적 등가란 원천 텍스트의 메시지를 될 수 있는 대로 고스란히 전달하는 데 힘을 쏟는다. 이 점과 관련하여 그는 "형식적 등가에서는 그 형식과 내용 모두에서 메시지 자체에 초점을 맞춘다. (…중략…) 그러므로 이에 따라 번역하는 하는 사람은 수용 언어(목표어)의 메시지가 기점어의 여러 구성 요소에 최대한 일치하도록 하여야 한다"고 주장한다.

한편 나이더가 말하는 '역동적 등가'란 원천 텍스트의 구조에 얽매이지 않고 비교적 자유롭게 목표어로 번역하는 방법을 말한다. 역동적 등가에 대하여 나이더가 『번역의 이론과 실제』에서 "원천 텍스트의 메시지를 수용 언어(목표어)로 잘 바꿔 놓아서 수용자(독자)의 반응이 근본적으로 원천 텍스트 수용자의 반응과 똑같은 반응을 일으키는 번역"이라고 규정짓는다. 또한 수용자 중심의 역동적 등가에서는 목표 텍스트는 원천 텍스트의 메시지와 가장 자연스럽고도 가깝게 등가를 이루어야 한다. 이렇게 번역이 자연스럽게 읽히기 위해서 번역가는 낱말과 문장 그리고 문법을 목표어에 맞추어 원천 텍스트의 '낯선' 느낌을 최소한으로 줄여야 한다. 한마디로 역동적 등가에서는 ① 의미가 통하고, ② 원문의 정신과 영혼을 전달하며, ③ 자연스럽고 쉬운 표현을 구사하고, ④ 독자들에게 동일한 반응을 유도하여야 한다.

나이더는 역동적 등가의 좋은 예로 방금 앞에서 언급한 '하나님의 어린 양'을 이누이트어로 번역하면서 '하나님의 물개(Seal of God)'로 대체한 것을 꼽는다. 어린 양과 물개 사이에는 엄청난 차이가 있지만 적어도 문화적으로는 의미가 없지 않다. 유목민들에게 양이 친근한 동물이듯이 물개는 이누이트족에게는 매우 친근한 동물이기 때문이다. 나이더는 언급하지 않았지만 유럽의 선교사들이 아프리카에서 선교하면서 성경을 번역할 당시 '하느님의 어린 양'을 '하나님의 염소'로 번역하였다. 아프리카인들에게 양은 미련하고 쓸모없는 동물이지만 염소는 아주 인기 있는 유용한 동물이기 때문이다.

세계문학이 현대 문학의 주요 담론으로 떠오른 21세기에 헬라어 '아르토스(ἄρτος)'나 영어 '브레드(bread)'를 과연 어떻게 번역하는 것이 적절한지 다시 한 번 진지하게 생각하게 된다. 지금까지는 자국어 번역과 이국화 번역을 두고 이론가들 사이에 의견은 마치 활시위처럼 팽팽하게 엇갈렸다. 그러나 원천 문화에 좀 더 무게를 싣는 세계문학 시대에 이르러서는 자국화 번역보다는 오히려 이국화 번역이 더 관심을 받는다. 그러므로 「요한복음」의 "내가 곧 생명의 떡이니라"라고 옮기는 쪽보다는 "내가 곧 생명의 빵이니라" 또는 "내가 곧 생명의 음식이니라"로 옮기는 쪽이 더 설득력이 있다.

마찬가지로 「마태복음」의 구절도 "사람은 빵만 먹고 사는 것이 아니다"로 번역한 공동번역이나 새번역이 "사람이 떡으로만 살 것이 아니다"로 번역한 개역개정이나 개역한글보다 세계문학 정신을 좀 더 잘 표현한다고 볼 수 있다. 「마태복음」 4장 4절의 마지막 구절 "하나님의 입에서 나오는 모든 말씀으로 살 것이다"를 보면 더욱 분명해진다. '떡'보다는 아무래도 '빵'이 성경이 쓰인 문화권의 사람들에게는 훨씬 더 피부에 와 닿을 것이다.

물론 빵이나 떡은 '하느님 말씀'에 대응하는 구절로는 그다지 적절해 보이지 않는다. 서양인들에게 빵은 주식이지만 한국인들에게는 밥이 주식이고 떡이나 빵은 어디까지나 간식에 지나지 않기 때문이다. 가령 이런저런 이유로 밀가루 음식을 싫어하는 사람에게 "사람은 빵만으로 살지 않는다"는 말은 이렇다 할 감흥을 주지 못할지도 모른다. 마찬가지로 "사람은 떡만으로 살지 않는다"라는 말은 소화가 잘 안 되어 떡을 싫어하는 사람에게도 아무런 의미가 없다. 주기도문의 'our daily bread'에 해당하는 히브리어 'Lechem chukeinu'를 '일용한 양식'으로 옮긴 것은 그 때문이다.

성경의 '19금' 번역

교회 사역에서 물러나 지금은 전문 번역가로 활약하는 박규태(朴奎泰)의 『번역과 반역의 갈래에서』(2012)는 여러모로 흥미로운 책이다. 표지의 선전 문구에서 밝히고 있듯이 그는 "자신의 삶과 번역을 돌아보며, 번역을 렌즈 삼아 역사와 현실, 불의와 부조리, 신앙과 신학, 책과 음악과 영화의 세계를 들여다보며 풀어나가는 이야기"에 관심을 기울인다. 전문 번역가로서 20년 넘게 일해 오면서 느낀 크고 작은 생각이 이 책 안에 고스란히 담겨 있다. 그러므로 이 책에서 번역이란 현실 세계를 조망하는 렌즈로 작용한다.

그러나 『번역과 반역의 갈래에서』의 가장 큰 장점이라면 성경 번역의 문제점을 날카롭게 지적한 데 있다. 그동안 서양에서나 한국에서나 성경 번역은 치열한 이데올로기의 전쟁터와 크게 다름없었다. 박규태는 성경 번역자들이 영화 〈시네마 천국〉에 등장하는 교구 신부가 '야한' 장면을 삭제하듯이 극적이고 격정적인 장면을 너무 밋밋하게 번역하여 분위기를 제대로 살리지 못한 경우가 적지 않다고 지적한다. 오늘날 우리가 읽는 성경에는 이른바 '19금(禁) 장면'을 번역한 곳이 적지 않다는 것이다.

박규태는 「창세기」에서 "이삭이 그 아내 리브가를 껴안았다"(16장 8절)는 구절을 완곡어법을 사용하여 번역한 대표적인 예로 든다. 그는 '껴안다'라는 동사로써는 원문의 내용을 충분히 담아내지 못한다고 지적한다. 박규태가 실례로 드는 구절을 좀 더 자세히 살펴보기로 하자. 그가 언급하는 해당 구절인 「창세기」 26장 6~9절은 개역개정에는 다음과 같이 번역되어 있다.

이삭이 그랄에 거주하였더니 그 곳 사람들이 그의 아내에 대하여 물으매 그가 말하기를 그는 내 누이라 하였으니 리브가는 보기에 아리따우므로 그 곳 백성이 리브가로 말미암아 자기를 죽일까 하여 그는 내 아내라 하기를 두려워함이었더라. 이삭이 거기 오래 거주하였더니 이삭이 그 아내 <u>리브가를 껴안은 것을</u> 블레셋 왕 아비멜렉이 창으로 내다본지라. 이에 아비멜렉이 이삭을 불러 이르되 그가 분명히 네 아내거늘 어찌 네 누이라 하였느냐. 이삭이 그에게 대답하되 내 생각에 그로 말미암아 내가 죽게 될까 두려워하였음이로라.

이삭이 그의 아내 리브가를 '껴안았다'는 구절이 원문의 의미를 충분히 전달하지 못한 번역이라고 주장한다는 점에서는 신학자 김지명도 크게 다르지 않다. 김지명은 자신이 운영하는 "공식적인 성경에서 길을 잃은 사람들을 위한" 〈비공식 성경〉 웹사이트에서 성경 속의 유머로 다룬다. 그는 위 인용문 중 일부를 그러한 유머로 간주한다.

그런데 이 구절은 유머 못지않게 번역 이론의 관점에서도 자못 중요하다. 김지명에 따르면 위 구절의 원문은 "이츠하크 메차헤크(Ytzhak metzahek)~"다. 그는 "'메차헤크'는

'차하크'의 강의 능동 분사다. 이런 점을 부각시켜 위 문장을 다시 해석해 보면 이삭이 자기 아내에게 '성적 유희를 행했다'라고 표현할 수 있을 것이다"라고 지적한다. 실제로 공동번역이나 새번역에서는 '껴안다'를 원문에 가깝게 '애무하다'로 번역하여 원문의 맛을 살리려고 하였다.

박규태는 완곡어법의 또 다른 실례로 역시 「창세기」에서 "당신이 우리에게 데려온 히브리 종이 나를 희롱하려고 내게로 들어왔으므로"(39장 17절)라는 구절을 든다. 히브리 여종이 요셉을 '희롱하려고' 왔다가 그가 소리를 지르는 바람에 도망치다시피 하여 방에서 나가는 것을 묘사하는 대목이다. 이 역시 '희롱하다'는 동사로써는 이집트 친위대장 아내가 남편에게 요셉을 모함하는 말로는 강도가 터무니없이 약하다. 박규태는 '희롱하다'보다는 '애무하다'나 '겁탈하다'가 원문의 뜻에 훨씬 가깝다고 주장한다.

실제로 히브리어 '차하크(chahak)'는 성적 의미가 강하게 함축된 낱말로 '농락하다'에 가깝다. 새번역에는 "당신이 데려다 놓은 저 히브리 사람이, 나를 농락하려고 나에게 달려들었어요"라고 옮겼다. 박규태는 성경을 번역할 때는 〈시네마 천국〉의 신부처럼 번역할 것이 아니라 영화 기사 알프레도처럼 번역해야 한다는 그의 지적은 번역자들이 귀담아들어야 할 대목이다.

이왕 성경 번역에서 완곡법을 구사하면서 생겨나는 문제점 이야기가 나왔으니 말이지만, 여기서 잠깐 몇 가지 더 짚고 넘어가는 좋을 것 같다. 역시 「창세기」의 "아담이 자기 아내 이브를 알매 이브가 수태(受胎)하여 가인을 낳고 이르되"(4장 1절)라는 구절을 읽을 때마다 음식을 먹다가 목에 걸린 가시처럼 어딘지 모르게 개운치가 않다. 아담이 아내 이브를 '알았다고' 하여 어떻게 아들을 낳을 수 있단 말인가? 공동번역에서는 "아담이 아내 하와와 한자리에 들었더니 아내가 임신하여 카인을 낳고 이렇게 외쳤다"고 번역되어 있다. 그런데 언제부터인지 개정개역과 개정한글에서도 "아담이 그의 아내 하와와 동침하매 하와가 임신하여 가인을 낳고 이르되 내가 여호와로 말미암아 득남하였다 하니라"라고 고쳐놓았다. 새번역에서는 아예 처음부터 "아담이 자기 아내 하와와 동침하니, 아내가 임신하여, 가인을 낳았다"로 옮겼다. 만약 '동침하다'라는 말 대신 '잠자리를 같이하다'라는 말로 바꾸어 놓으면 젊은 독자들은 아마 훨씬 더 쉽게 이해할 수 있을 것이다.

잘 알려진 것처럼 여기서 '알다'라는 동사는 히브리어 '야다(yada)'를 직역한 것이다. 물론 구약성경에 줄잡아 950번 언급되는 이 '야다'만큼 의미의 폭이 넓은 낱말도 찾아보기 그렇게 쉽지 않다. '알다', '인지하다', '이해하다' 등을 뜻하는 이 낱말은 형이상학적으로 인격적이고 친숙한 관계를 가리키기도 하지만, 형이하학적으로 '잠자리를 같이하다'를 가리키기도 한다. 그러므로 창세기 4장 첫 구절에서 '알다'는 '잠자리를 같이하다'나 '동침하다'로 번역해야 마땅하다. "아담이 자기 아내 하와와 동침하니, 아내가 임신하여 가인을 낳았다"라고 옮긴 새번역이 훨씬 더 피부에 와 닿는다.

이 점에서는 개역한글의 「에스겔」 번역도 크게 다르지 않다. "시돈과 아르왓 거민들이 네 사공이 되었음이여 두로야 네 가운데 있는 박사가 네 선장이 되었도다. 그발의 노인과 박사들이 네 가운데서 배의 틈을 막는 자가 되었음이여 바다의 모든 배와 그 사공들은 네 가운데서 무역하였도다"(27장 8~9절)라는 두 절은 아무리 여러 번 되풀이하여 읽어도 도대체 무슨 뜻인지 헤아리기 어렵다. 박사 학위까지 받은 지식인이 왜 갑자기 선장이 되었을까? 노인과 박사들이 도대체 왜 배의 틈을 막는 선원이 되었을까? 이 문장이 이해가 가지 않는 것은 항해에 익숙한 사람들을 '박사'로, 노련한 숙련공들을 '노인과 박사들'로 번역해 놓았기 때문이다.

이 점을 의식한 듯이 개역개정에서는 언제부터인가 이 구절을 "시돈과 아르왓 주민들이 네 사공이 되었음이여 두로야 네 가운데에 있는 지혜자들이 네 선장이 되었도다. 그발의 노인들과 지혜자들이 네 가운데에서 배의 틈을 막는

자가 되었음이여 바다의 모든 배와 그 사공들은 네 가운데
에서 무역하였도다"로 바꾸어 놓았다. 그래도 쉽게 이해 가
지 않기는 여전히 마찬가지다. 새번역에서는 "시돈과 아르
왓 주민이 너의 노를 저었다. 두로야, 너의 노련한 이들이 네
선장이 되었다. 그발의 장로들과 지혜 있는 사람들이 배의
틈을 막아 주었다. 바다의 모든 배와 선원들이 네 안에서 너
의 물품들을 거래하였다"로 옮겼다.

또 「사무엘하」에서도 "아브넬이 요압에게 이르되 청컨
대 소년들로 일어나서 우리 앞에서 장난하게 하자"(2장 14
절)도 무슨 뜻인지 알쏭달쏭하다. 얼핏 보면 소년들에게 우
리 앞에서 장난하며 재롱떨게 하자고 말하는 듯하다. 그러
나 원문의 내용은 재롱떠는 것과는 거리가 멀어도 한참 멀
다. "아브넬이 요압에게 이르되 원하건대 청년들에게 일어
나서 우리 앞에서 겨루게 하자"로 바꾸었지만 그 의미가 여
전히 애매하다. 그래서 새번역에서는 좀 더 쉽게 풀어서 "그
때에 아브넬이 요압에게 이런 제안을 하였다. '젊은이들을
내세워서, 우리 앞에서 겨루게 합시다.' 요압도 그렇게 하자
고 찬성하였다"로 옮겨놓았다.

한 가지 실례만 더 들어보기로 하자. 개역한글 「신명기」
에는 "너의 진 밖에 변소를 베풀고 그리로 나가되 너의 기구
에 작은 삽을 더하여 밖에 나가서 대변을 통할 때에 그것으

로 땅을 팔 것이요 몸을 돌이켜 그 배설물을 덮을찌니"(23장 12~13절)라는 문장이 나온다. 어떻게 변소를 '베풀' 수 있으며, 또 어떻게 그곳으로 '나갈' 수 있는가? 또 '대변을 통한'다는 말은 무슨 뜻인가? 개정개역에서는 "네 진영 밖에 변소를 마련하고 그리로 나가되 네 기구에 작은 삽을 더하여 밖에 나가서 대변을 볼 때에 그것으로 땅을 팔 것이요 몸을 돌려 그 배설물을 덮을지니"로 되어 있다.

한편 공동번역에는 "변소 자리는 진 밖에 마련해 놓아야 한다. 너희는 그리로 나갈 때에 무기 외에 꼬챙이를 가지고 나가야 한다. 땅을 파고 뒤를 본 다음 그 뒤 본 것을 도로 묻을 때에 그것을 사용해야 한다"(13~14절)로 번역하였다. 새 번역은 이보다 한발 더 나아가 "당신들은 진 바깥의 한 곳에 변소를 만들어 놓고, 그 곳에 갈 때에는, 당신들의 연장 가운데서 삽을 가지고 가야 합니다. 용변을 볼 때에는 그것으로 땅을 파고, 돌아설 때에는 배설물을 덮으십시오"로 옮겨놓았다.

성경의 창조적 오역

앞에서 언급한 유진 나이더는 등가 이론과 관련하여 '등가적 효과'의 원칙을 주장하였다. 그는 번역된 작품이 목표 텍스트 독자들에게 원천 텍스트의 독자들이 원천 텍스트를 읽고 얻는 것과 동일하거나 유사한 효과를 주어야 한다고 지적한다. 이러한 효과를 얻으려면 번역가는 다음 세 가지 절차를 염두에 둘 필요가 있다.

첫째, 번역가는 애매한 원천 텍스트의 항목을 문화적으로 좀 더 적절한 항목으로 대체해야 한다. 둘째, 번역가는 원천 텍스트에 암시되어 있거나 묵시적으로만 표현되어 있는 내용을 좀 더 명시적으로 분명하게 밝혀야 한다. 셋째, 번역가는 목표 텍스트의 독자가 좀 더 쉽게 이해할 수 있도록 필요에 따라 어느 정도 중복적으로 부연 설명을 해야 한다.

오역이면서도 제대로 올바로 번역한 것보다 예상치 않게 원천 텍스트의 의미를 훨씬 더 효과적으로 전달하는 경우가 더러 있다. 번역 연구나 번역학에서는 이러한 현상을 '창조적 오역'이라고 부른다. 가령 한글성경 개역개정의 "다시 너희에게 말하노니 낙타가 바늘귀로 들어가는 것이 부자가 하나님의 나라에 들어가는 것보다 쉬우니라 하시니"(「마태복음」 19장 24절)라는 문장은 이러한 경우를 보여 주는 더할 나위 없이 좋은 예다. 개역한글에서는 '낙타' 대신 '약대'를 사용한 것이 다를 뿐 개역개정과 똑같다.

'약대'는 순수한 한국어로 15세기 문헌 『석보상절(釋譜

詳節)』에도 "약대어나 라귀어나 듸외야"라는 구절이 나온다. 그런데도 한글성경 개역개정에서 순수한 토착어를 버리고 한자어를 선택한 것이 조금 의외라면 의외다. 한편 공동번역에서는 "부자가 하늘나라에 들어가는 것보다는 낙타가 바늘귀로 빠져 나가는 것이 더 쉬울 것이다"로 옮겼고, 새번역에서는 "부자가 하나님 나라에 들어가는 것보다 낙타가 바늘귀로 지나가는 것이 더 쉽다"로 옮겼다. '킹 제임스 성경'에서도 "낙타가 바늘귀를 지나가는 것이 부자가 [하나님]의 왕국에 들어가는 것보다 쉬우니라"로 번역하였다.

일부 성경학자들은 이 구절이 아람어 성경을 번역하는 과정에서 밧줄을 뜻하는 '감타(gamta)'를 낙타를 뜻하는 '감라(gamla)'로 잘못 읽어 오역한 것이라고 주장한다. 다시 말해서 부자가 천국에 들어가는 것을 마치 동아 밧줄이 좁디좁은 바늘귀로 들어가는 것에 빗대어 말하는 표현이라는 것이다. 한국어에도 "아 다르고 어 다르다"는 격언이 있고, 영어에서도 "p자와 q자를 조심하여 사용하라"는 격언이 있다. '밧줄'이 '낙타'로 오역되었다고 주장하는 사람들은 그동안 헬라어 신약성경이 아람어 성경(페쉬타)에서 번역되었다고 주장해 왔다.

그러나 이러한 주장에 반론을 제기하는 성경학자들도 적지 않다. 그들은 히브리어와 그 친족어인 아람어는 일반

사람들의 구어로 많이 사용되었지만 성경의 기록은 「다니엘서」, 「스가서」, 「예레미야」 같은 몇몇 경우를 제외하고는 모두 히브리어로 기록되었다고 주장한다. 낙타는 히브리어로는 '가말(gamal)', 헬라어로는 '카멜로스(καμηλον)'라고 정확히 기록되어 있어 '낙타'를 '밧줄'로 읽을 가능성이 거의 없다는 것이다. 한편 헬라어 '카멜로스'는 굵은 밧줄을 뜻하는 '카밀로스(καμιλovs)'와 비슷하여 혼동을 일으켰을지 모른다고 주장하는 사람들도 있다.

두 주장 중 어느 쪽의 주장이 맞던 역동적 등가를 주장하는 유진 나이더를 비롯한 번역학자들은 아마 "낙타가 바늘귀로 지나가는 것이 더 쉽다"는 번역에 손을 들어줄 것이다. 물론 밧줄이 바늘귀로 통과하는 것도 불가능하지만 밧줄을 낙타로 바꾸어 놓으면 비유가 훨씬 살아 숨 쉰다. 은유에서는 원관념(테너)과 보조관념(비히클) 사이가 벌어지면 질수록 비유적 효과는 그만큼 더 크게 마련이다.

한글성경 번역에서 원문에 충실하게 '바늘 눈(eye of a needle)'이나 '바늘 구멍'이라고 번역하지 않고 '바늘 귀'로 옮긴 것도 눈길을 끄는 대목이다. 실제로 이 문제를 두고 성경번역위원회 사이에서 논란이 있었다. 실을 꿰도록 바늘의 위쪽에 뚫은 작은 구멍은 서양에서는 '바늘 눈'이라고 부르지만 한국에서는 '바늘 귀'라고 부른다. 동일한 것을 가리키는 데도 이렇게 문화권에 따라 차이가 크다.

이러한 문화적 차이는 심지어 같은 동아시아 문화권에서 속하는 한국과 일본과 중국에서도 찾아볼 수 있다. 예를 들어 많은 사람을 알고 지내며 폭넓게 활동하는 사람을 한국에서는 '발이 넓다'나 '마당발'이라고 한다. 그러나 일본에서는 '얼굴이 넓다(顔が廣い)'라고 하고, 중국에서도 '얼굴이 넓다(寬臉)'라고 한다. 한국 문화권에서는 자신을 알리려고 직접 발로 뛰어 돌아다니며 하나하나 눈도장을 찍어야 하지만, 일본이나 중국 문화권에서는 남에게 얼굴을 널리 알리는 데 초점을 맞춘다.

한국인터넷신학대학 연구 자료집에는 성경 오역과 관련한 자료가 실려 있다. 1인칭 주격 대명사 '내'가 2인칭 주격 대명사 '네'가 되고, '은'이 '금'이 되며, '~하지 아니 하는 자'가 '~하는 자'가 되는 등 교정 과정에서 빠뜨렸거나 인쇄 과정에서 실수한 곳이 한두 곳이 아니다. 이 자료에 따르면 특히 이러한 오류는 구약성경에서 자주 엿볼 수 있다. 그중 몇 가지 예를 든다면 "모세의 장인 호밥"(「사사기」 4장 11절)은 "모세의 처남 호밥"이 되어야 하고, "각각 금 한 조각"(「욥기」 42장 11절)은 "각각 은 한 조각"이 되어야 한다. 또한 "거류하는 자같이"(「예레미야서」 14장 8절)는 "거류하지 아니 하는 자같이"라고 해야 하고, "나의 성도를 네 앞에 모으

라"(「시편」 50장 5절)는 "나의 성도를 내 앞에 모으라"라고 해
야 맞다. 그런가 하면 "내가 장수함으로"(「시편」 91편 16절)는
"내가 그들을 장수케 함으로"가 되어야 맞다.

성경 번역은 그동안 서로 다른 신학이나 교리가 다투는
전쟁터와 다름없었다. 성경을 잘못 번역했다고 목숨을 잃은
사람들도 있고, 성경을 제대로 번역하여 무지와 몽매를 구
원의 빛으로 밝힌 사람들도 있다. 또한 성경은 온갖 번역 방
법이나 전략을 시도해 온 실험실과도 같았다. 인문학 분야
중에서도 비교적 뒤늦게 태어난 번역 연구나 번역학은 성경
번역에서 자양분을 얻으며 성장해 왔다. 그러나 한글성경은
여러 차례 개정과 개역을 거듭해 왔지만 오히려 '개악'이 된
곳이 더러 있다. 이러한 오역이나 졸역을 수정하는 것에 그
치지 않고 젊은 세대의 언어 감각에 맞도록 번역하는 데도
좀 더 심혈을 기울여야 할 것이다.

어떻게 번역할 것이냐, 그것이 문제로다

번역의 묘미 중 하나는 아무리 동일한 문장을 번역하여
도 번역자마다 조금씩 차이가 난다는 점이다. 더러 예외가
없는 것은 아니지만 같은 문장을 번역해 놓은 번역문이 동
일한 경우는 별로 없고 번역자에 따라 조금씩 편차가 있다.
원문 텍스트와 번역 텍스트를 저울에 달면 으레 천칭이 어
쩔 수 없이 어느 한 쪽으로 기울게 마련이다. 그것은 언어의
본질에서 원천어와 목표어 사이에는 등가 관계가 성립하지
않기 때문이기도 하지만 번역가의 철학과도 맞물려 있다.

이러한 편차는 의미나 내용에서도 일어나지만 그보다
는 주로 낱말이나 어구, 구문 같은 형식에서 일어난다. 이를
달리 말하면 번역에서 내용 못지않게 중요한 것이 문체라
는 말이 된다. 번역가가 '창조성'을 발휘할 수 있는 곳도 바

로 이러한 문체에서다. 목표 텍스트의 의미나 내용이 원천 텍스트와 같다는 전제 아래 번역가의 독창성이 빛을 내뿜는 것은 다름 아닌 언어 구사에서라고 할 수 있다.

윌리엄 셰익스피어의 이름이 한국에 처음 등장한 것은 일본 제국주의가 대한제국에 통감부(統監府)를 설치한 이듬해인 1906년이다. 익명의 번역자가 옮긴 새뮤얼 스마일스의 「자조론」에 '세이구스비아'라는 이름이 처음 등장한다. 그 뒤 현채(玄采)가 역술한 『동서양 역사』(1899)에 '歇克斯比'라는 이름이 나오고, 유승겸(俞承兼)이 역술한 『중등 만국사』(1907)에도 '색스피어'라는 이름이 나온다. 이 밖에도 당시 '색스피어', '素土比亞', '酒若是披霞', '維廉 塞土比亞' 같은 여러 표기법이 눈에 띈다. 이렇게 표기법은 달라도 하나같이 이 무렵 영국의 대문호 셰익스피어를 가리키던 말이었다.

셰익스피어의 37편 희곡 작품 중에서도 『햄릿』은 무려 3,850여 행으로 1,670여 행의 『맥베스』보다 무려 두 배 이상이나 길다. 더구나 독백이 11개나 되고 그중 절반이 훨씬 넘는 7개 독백이 덴마크의 왕자요 주인공인 햄릿의 몫이다. 일제 강점기부터 해방기를 거쳐 21세기에 이르기까지 한국에서 단행본으로 출간된 『햄릿』의 번역가는 60명이 넘는다. 도서전문 인터넷 쇼핑몰 '알라딘'의 통계에 따르면 번역본만도 무려 200여 권에 이른다. 물론 그중에는 중복 출판과 번

안 수준의 작품도 포함되어
있다. 상황이 이 정도라면 가
히 '셰익스피어 번역 산업'
이라고 불러도 크게 무리가
아닐 것이다.

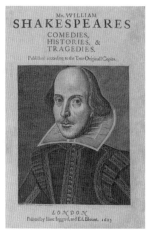

1623년 간행된 '윌리엄 셰익스피어 전
집' 초판본 표지.

굳이 동양과 서양을 가르
지 않고 셰익스피어 하면 곧
바로『햄릿』이 떠오르고,『햄
릿』하면 그 유명한 "To be,
or not to be"로 시작하는 그
유명한 독백이 떠오른다. 이
처럼 32행에 걸친 이 독백은 세계 문학사는 말할 것도 없고
일상생활에도 깊이 스며들었다. 일제 강점기 문학 비평가로,
해방 후에는 영문학자로 활약한 최재서(崔載瑞)는『햄릿』을
번역하면서 "셰익스피어의『햄릿』은 비단 영국 사람들의 자
랑이 될 뿐만 아니라 전 인류의 자랑거리가 되는 문화의 보
배다"라고 잘라 말하였다. 우리가 무심코 사용하는 표현 중
에는 셰익스피어의 작품에서 따온 것들이 의외로 많다.

셰익스피어나『햄릿』은 잘 알지 못하여도 "To be, or not
to be: that is the question"의 대사를 기억하는 사람이 무척
많다. 무엇인가 선택의 기로에 놓일 때면 으레 "~것이냐 말

것이냐, 그것이 문제로다"라는 말을 입버릇처럼 말하기 일쑤다. 이러한 사정을 뒷받침이라도 하듯이 이 독백은 인류가 가장 많이 암송하고 가장 자주 인용하는 구절로 알려져 있다. 최근에는 많은 래퍼들이 이 독백에 운율을 붙여 만든 곡들이 유튜브에 올라오고, 조회 수도 계속 늘어나고 있는 실정이다. 이러한 현상을 두고 좁게는 영국, 더 넓게는 서구의 문화 제국주의의 영향을 염려하는 목소리도 없지 않다. 그러나 셰익스피어는 이제 영국만의 문호가 아니라 지구촌 곳곳에서 인류가 함께 향유하는 문화 상품이 되다시피 하였다.

햄릿의 독백

아이작 뉴턴이 과학자의 대명사로 흔히 쓰인다면 윌리엄 셰익스피어는 문학가의 대명사로 자주 쓰인다. 셰익스피어는 토머스 칼라일이 식민지 인도를 내어줄망정 끝까지 지키고 싶다고 말할 만큼 영국인들의 자부심이요 영광이다. 그런데 셰익스피어의 4대 비극 중에서도 대표적인 작품 『햄릿』의 공간적 배경은 '덴마크의 왕자'라는 부제에서도 볼 수 있듯이 영국이 아니라 북해 건너쪽에 위치한 덴마크다. 시간적 배경도 셰익스피어가 활약하던 16세기가 아니라 4세기나 앞선 12세기다.

덴마크의 왕자 햄릿은 독일의 비텐베르크에서 유학하던 중 아버지가 갑자기 사망했다는 소식을 듣고 서둘러 귀국한다. 선왕의 사망으로 선왕의 동생 클로디어스가 왕위에 오르고, 새 왕은 얼마 지나지 않아 선왕의 왕비 거트루드와 결혼한다. 아버지의 죽음에 대한 의심과 어머니에 대한 원망에 사로잡혀 있는 햄릿 왕자는 밤마다 궁의 초소에 선왕의 유령이 나타난다는 말을 듣게 된다. 한밤중에 친구 호레이쇼와 함께 초소를 찾아간 햄릿은 선왕의 유령으로부터 자신이 동생에게 독살당했다는 말을 듣고 복수를 결심한다. 자신이 놓여 있는 처지를 절감하는 햄릿은 이때 그 유명한 독백을 한다.

> To be, or not to be: that is the question:
> Whether 'tis nobler in the mind to suffer
> The slings and arrows of outrageous fortune,
> Or to take arms against a sea of troubles,
> And by opposing end them? To die: to sleep;
> No more. (3막 1장)

이 독백에서 첫 문장을 제외한 나머지 문장은 크게 문제가 되지 않는다. 물론 번역가에 따라 조금씩 차이가 있지만 맨 첫 문장에 비교하면 거의 문제가 없다고 할 수 있다. 나머지 문장들은 다음과 같이 옮길 수 있다.

> 가혹한 운명의 돌팔매와 화살을 맞으면서
> 그냥 참고 견디는 것이 더 고귀한 마음일까?
> 아니면 성난 파도처럼 밀려드는 재앙에 맞서
> 무기를 들고 용감히 맞서 싸워야 하는 것이 더 고귀한 마음일까?
> 죽는다는 것은 잠드는 것, 오직 그뿐이겠지.

그러나 밑줄 친 원문의 첫 문장 "To be, or not to be: that is the question"은 번역하기가 그렇게 녹록지 않다. 'question'이라는 낱말을 빼고 나면 하나같이 단음절으로 된 기본 단어들이다. 적어도 어휘의 관점에서 보면 중학생, 심지어 영어를 배운 초등학생도 너끈히 번역할 만한 문장이다. 그러나 『햄릿』 전편에서 이 문장만큼 번역하기 어려운 곳도 없다. 지금까지 한국에서 많은 번역가가 이 문장을 번역해 왔지만 동일한 문장으로 번역한 사람은 단 한 명도 없다.

일제 강점기의 『햄릿』 번역

이 유명한 "To be, or not to be: that is the question"의 한국어 번역은 그 역사를 거슬러 올라가다 보면 저 멀리 20세기 초엽 일본 와세다(早稻田)대학에서 정치경제학을 전공하던 설산(雪山) 장덕수(張德秀)를 만나게 된다. 뒷날 언론인과 정치인으로 활약한 그는 1915년 '재일본동경조선유학생학우회'가 기관지로 발간하던 잡지《학지광(學之光)》에「의지의 약동」을 발표하면서 햄릿의 독백을 처음 번역하였다.

인생의 가치는 결코 멀고 먼 저 건너편 피안(彼岸)에 있는 것이 아니오, 우리 발 딛고 있는 이 현실에 있는 것이로다. 하늘에 열장(列張)한 모든 별도 아름답거니와 우리 눈앞 우리 발앞에 된[핀] 만타(萬朵)의 백화(白花)도 아름답지 아니한가. 그럼으로 인생의 가치는 생(生)에 있고 현재에 있는 것이라 하리로다. 그러나 우리 청년이여, 가만히 생각하여 보니 이것이 역시 피상견(皮相見)이라. 우리의 문제는 어찌하여 살까 하는 것이 아니오, 생의 가치가 무엇인가 함에 있는 것이로다. 생을 찬미할까 저주할까, 생을 실현할까 거부할까. 환언하면 살까 죽을까 하는 것이 문제로다(To be or not to be, that is the question,

Hamlet).

위 인용문의 마지막에서 장덕수는 햄릿의 독백 첫 구절을 "살까 죽을까 하는 것이 문제로다"라고 번역하면서 괄호 안에 원문을 적어 놓았다. 장덕수는 두말할 나위 없이 'be'를 상태나 상황보다는 존재를 뜻하는 동사로 해석하였다. 존재할 것이냐 존재하지 않을 것이냐, 즉 살아남을 것이냐 죽을 것이냐로 풀이한 것이다. 실존주의 철학자 장 폴 사르트르는 삶이란 궁극적으로 'B'와 'D' 사이, 즉 'C'라고 말한 적이 있다. 여기서 'B'란 출생(Birth)을 말하고, 'D'란 죽음(Death)을 말하며, 'C'란 선택(Choice)을 말한다. 실존주의란 얼핏 거창해 보이지만 현학적 이론의 거품을 거두어 내고 보면 "나는 누구인가? 그리고 나는 무엇을 해야 하는가?"에 대한 물음으로, 선택을 통하여 자아를 형성해 가는 인간의 존재 방식에 대한 태도다. "실존이 본질에 앞선다"는 실존주의의 명제도 따지고 보면 인간은 이 세계에 태어나는 순간 자신의 삶을 선택할 수밖에 없다는 뜻이다.

그러고 보니 장덕수의 번역에서는 8세기경 신라의 승려 월명(月明)이 지었다는 향가 「제망매가(祭亡妹歌)」의 첫 구절 "生死路隱 此矣有阿米次肹伊遣"가 떠오른다. 이 구절을 국문학자 양주동(梁柱東)은 "生死路는 예 이샤매 저히고(생사로는 여기에 있으매 두려워지고)"로 해석하고, 국어학자 김완진(金完鎭)은 "生死 길흔 이에 이샤매 머뭇그리고(생사 길은 여기 있으매 머뭇거리고)"로 해석하였다. '두려워하다'와 '머뭇거리다'의 차이가 있을 뿐 시적 화자가 삶과 죽음의 갈림길에 서 있다는 의미에서는 두 해석에 큰 차이가 없다.

　장덕수가 「의지의 약동」을 쓴 것은 일본 유학 중일 때였으므로 일본어 번역에서 영향을 받았을 가능성을 배제할 수 없다. 이렇게 햄릿의 독백을 삶과 죽음 사이에서 망설이는 것으로 옮긴 그의 번역은 그 뒤 계속 이어졌다. 한국에서 최초로 『햄릿』 전편을 번역한 사람은 현철(玄哲)이었다. 그는 일찍이 1904년 일본에 유학하여 메이지(明治)대학에서 법학을 전공하다가 진로를 바꾸어 시마무라 호게쓰(島村抱月)의 '게이주쓰좌(藝術座)' 부속 연극학교에서 연극을 공부하였다. 1920년대 초엽 단역 배우로 출발한 현철은 식민지 조선에 최초의 연극학교를 세우고 공연 예술 문화의 선구자로 한국 연극사에서 신파극에서 정통 근대극으로 넘어오는 데 징검다리 역할을 하였다. 현철은 1921

햄릿의 독백을 처음 번역하여 소개한 설산 장덕수.

년 5월부터 1922년 12월까지 『햄릿』을 '하므레트'라는 제목으로 번역하여 《개벽》에 소개한 뒤 1923년 박문서관에서 단행본으로 출간하였다. 「애독자 제위에게」라는 글에서 현철은 『햄릿』 번역에 대하여 이렇게 밝힌다.

이 『하믈레트』를 시작한 지 이미 해가 지나기를 둘이나 하여 오랫동안 지루한 시간을 독자에게 낭비케 한 것은 자못 미안한 생각이 없지 아니하나 현철의 천박 비재로써는 여러 가지 희곡을 번역하는 중에 이와 같이 난삽한 것은 그 쌍을 보지 못하였으니 그것은 『하믈레트』이라는 희곡의 자체가 세계적 명편으로 일자 일구(一字一句)를 범연히 할 수 없는 그것과, 또 한 가지는 『하믈레트』 주인공의 이중 심리가 무대적 기분이나 호흡상으로 조절을 맞추기에 가장 힘이 들었으니 실로 어떠한 구절에 이르러서는 하루 동안을 허비한 일이 적지 아니한 것도 있었다.

위 인용문에서 무엇보다도 눈에 띄는 대목은 『햄릿』이 세계적으로 평판을 얻은 작품이므로 "일자 일구를 범연히 할 수 없는" 번역이었다고 고백한다는 점이다. 이처럼 명작일수록 번역가에게 주는 부담은 그만큼 크다는 사실을 알 수 있다. 현철은 계속하여 "다 행히 희곡적 천재가 나서 다시 이 번역의 선진미(善眞美)를 다 하였으면 이곳 우리 문단의 한 명예라고 하겠다"고 밝힌다. 그 는 겸손하게 자기보다 좀 더 자 격을 갖춘 후배 번역가들이 나 타나 다시 번역해 줄 것을 기대 해 마지않는다.

일제 강점기 최초로 『햄릿』을 번역 하여 출간한 현철.

그렇다면 현철은 햄릿의 독백 첫 구절을 어떻게 번역했 을까? 일본에서 유학한 현철은 장덕수처럼 일본어 번역에 의존하지 않을 수 없었다. 일본에서는 처음에는 찰스 램과 메리 램 남매가 청소년을 위하여 읽기 쉽게 산문으로 풀어 쓴 『셰익스피어 이야기』(1807)를 번역하여 소개하였다. 그러 다가 메이지 시대에 이르러 셰익스피어 작품을 본격적으로 번역하기 시작하여 다이쇼(大正) 시대와 쇼와(昭和) 시대에 이르러 번역에 더욱 박차를 가하였다.

직간접으로 일본 번역가의 영향을 받은 현철은 "To be, or not to be: that is the question"을 "죽음인가 삶인가, 이것 이 의문이다"로 번역하였다. 현철의 번역은 장덕수가 번역 한 "살까 죽을까 하는 것이 문제로다"와 크게 다르지 않다.

다만 'to be, or not to be'를 장덕수가 동사형으로 번역한 반면, 현철은 명사형으로 번역한 것이 조금 다를 뿐이다. 추상적 의미가 강한 명사보다는 사람이나 사물의 움직임이나 작용을 나타내는 동사가 훨씬 더 생동감이 있다.

해방 후의 『햄릿』 번역

현철에 이어 『햄릿』을 번역한 사람은 설정식(薛貞植)이다. 설정식은 연희전문학교를 졸업한 뒤 당시로서는 보기 드물게 미국에서 유학한 서구 지향적 지식인이었다. 오하이오주 얼라이언스 소재 마운트유니언대학 영문과를 졸업한 뒤 뉴욕시의 컬럼비아대학교에서 영문학을 전공하였다. 적어도 영문학 전공 지식만으로 본다면 현철보다는 설정식이 셰익스피어의 작품을 번역하는 데 좀 더 적격자라고 할 만하다.

그러나 《학풍(學風)》 12호(1949.05)에 「함렛트에 관한 노오트」라는 제목으로 발표했다가 백양당에서 단행본으로 출간한 『Hamlet with Notes』에 따르면 설정식은 여러 일본어 번역본과 주석서에서 적잖이 영향을 받았다. 좀 더 구체적으로 그는 쓰보우치 쇼요(坪內逍遙)의 『햄릿』 번역을 비롯하여 쓰즈키 도사코(都築東作)의 『집주(集註) 햄릿』, 오카쿠라 요시사부로(岡倉由三郎)와 이치카와 산키(市河三喜)의 '겐큐샤(研究社) 영문학 총서'『햄릿』번역, 요코마야 유사코(横山有策)의 『사옹(沙翁) 걸작집』, 혼다 아키라(本多顯彰)의 『햄릿』등 일본의 여러 번역서에서 크고 작은 도움을 받았다.

현철에 이어 두 번째로『햄릿』을 번역하여 출간한 설정식.

죽느냐 사느냐, 그것이 문제로구나.
더러운 운명의 화살과 석전(石箭)을
그냥 참고 견딜 것이냐?
그렇잖으면 환난의 바다를 힘으로 막아 싸워 이기고,
함께 넘어지는 것이 사나이의 할 바냐?
죽는다는 것은, 잠을 잔다는 말—그것뿐이다.

설정식이 번역한 첫 문장 "죽느냐 사느냐, 그것이 문제로구나"에서 무엇보다도 먼저 세 가지가 눈길을 끈다. 첫째, 장덕수와 현철처럼 설정식도 'to be, or not to be'를 삶과 죽음의 문제로 해석하여 번역하였다. 이 문제는 앞으로 좀 더 자세히 다루겠지만 일단 생사의 문제로 해석하여 옮기는 쪽이 무리가 없을뿐더러 적절하다.

둘째, 설정식은 현철처럼 원문의 어순을 바꾸어 '삶'을 뒤로 돌리고 '죽음'을 앞에 내세웠다. 언뜻 대수롭지 않게 넘어갈 수 있을지 모르지만 '사느냐 죽느냐'를 '죽느냐 사느냐'로 바꾼 것은 마치 생사가 바뀌는 것처럼 엄청난 변화다. 한국어 어법에는 전자보다는 후자가 훨씬 더 자연스럽다. 한국어에서는 '죽기 아니면 살기'라는 표현은 사용하여도 '살기 아니면 죽기'라는 표현은 좀처럼 사용하지 않는다. 바비 킴도 「죽기 아니면 살기」라는 유행가에서 "이 세상에 홀로 넘어지는 게 / 가끔은 세상과 홀로 싸워 가는 게 / 너무 지쳐 두려워도 난 질 수 없어 / 죽기 아니면 살기로 일어서야 해"라고 노래한다. '죽기 아니면 살기'를 속되게 이르는 표현이 '죽기 아니면 까무러치기'로 온갖 위험을 무릅쓰고 모든 힘을 다함을 비유적으로 이르는 말이다. 다만 진각 혜심(眞覺慧諶)의 선시(禪詩)에서 볼 수 있듯이 "나고 죽음은 끝없이 반복되는데 / 그 얼마나 오고 가고 오고 갔던가(死生無盡日 來去幾多時)"처럼 생사의 순서를 말할 때는 '나고 죽는 일'이라고 말하는 것이 자연스럽다.

여기서 번역과 관련하여 잠깐 연어법(連語法)을 짚고 넘어가는 것이 좋을 것 같다. 언어학에서 연어(collocation)란 둘 이상의 낱말이 의무적으로 짝을 이루어 하나의 의미 단위를 만들어내는 것을 말한다. 그런데 연어법은 언어권마다 서로 다르다. 그러므로 번역가는 원천어의 연어법을 그대로 옮기는 대신 목표어의 연어법 관습에 맞게 옮겨야 한다. 예를 들어 영어에서는 온갖 난관을 극복하는 것을 "go through fire and water"라고 하지만 한국어 연어법에 따르면 "물불 가리지 않고"라고 한다. 육체와 영혼을 함께 이를 때도 영어 문화권에서는 "in body and soul" 또는 "in body and spirit"라고 하지만 한국어에서는 "영육(靈肉) 간에"라고 한다.

또한 영어에서는 여성을 앞에 두어 "Ladies and gentlemen!"이라고 하지만 한국어에서는 "신사 숙녀 여러분!"이라고 하는 것이 훨씬 더 자연스럽다. 일본어에서도 "신사 숙녀 여러분"이라고 하거나 굳이 성(性)을 구분 짓지 않고 '여러분(みなさん)'이라고 뭉뚱그려 말한다. 이 점에서는 영어 "bride and bridegroom"도 마찬가지여서 한국어로 번역할 때는 어순을 바꾸어 "신랑 신부"라고 하는 것이 적절하다. 영어 "young men and women"도 한국어로 번역할 때는 "총각 처녀"보다는 "처녀 총각"으로 옮기는 것이 좀 더 자연스럽다. 기업 경영 전략 중 하나인 'mergers & acguisitions'도 한국어로 번역할 때는 '합병인수'가 아니라

'인수합병'이라고 해야 한다. 연어법은 심지어 같은 동아시아 문화권 안에서도 차이가 난다. 가령 한국어에서는 영어 "here and there"처럼 "여기저기"라고 하지만 일본에서는 거꾸로 "저기여기(あちらこちら)"라고 한다.

햄릿의 독백 "To be, or not to be"를 "사느냐 죽느냐"보다는 "죽느냐 사느냐"로 번역해야 하는 것은 비단 연어법 때문만은 아니다. 문법적으로 보더라도 긍정이 먼저 앞에 오고 부정이 뒤에 오게 마련이다. 그래서 "To be, or not to be"라는 표현은 문법에 맞아도 "Not to be, or to be"라는 표현은 문법에 맞지 않는다. 이러한 사정은 한국어 문법에도 마찬가지로 적용된다. 가령 "갈 거야, 안 갈 거야?" 또는 "먹을 거야, 안 먹을 거야?"라고 말하지 "안 갈 거야, 갈 거야?" 또는 "안 먹을 거야, 먹을 거야?"라고는 말하지 않는다.

셋째, 설정식은 '그것이 문제로구나'에서 '~이다' 대신 '~로구나'라고 번역하여 감탄의 뜻을 드러내었다. 더구나 '~로구나'는 감탄의 의미를 수반할 뿐 아니라 화자가 새롭게 알게 된 사실에 주목함을 나타내는 종결 어미로도 쓰인다. '~로구나'는 이와 비슷한 '~구나'에 비하여 좀 더 예스러운 느낌이 들어『햄릿』번역에 안성맞춤이다.

해방 이후 설정식에 이어 최재서도『햄릿』을 번역하여 1954년 연희춘추사에서 출간하였다.『햄릿』번역과 관련하여 그는 "[셰익스피어 작품]을 확실히 우리 자신의 보배로 만들려면 첫째로 원작을 우리말로 번역해야 하고, 두 번째로 그 번역을 대본 삼아 때때로 상연할 필요가 있다. 셰익스피어는 책으로 읽히기 위해서 각본을 쓴 것이 아니라 무대에서 연극 시키기 위해서 썼기 때문이다"라고 밝힌다.

최재서는 『햄릿』을 번역하면서 대학 강의실에서 학생들을 대상으로 작품을 읽을 때와 "영문학과 인연이 먼 일반 독자를 상대로" 번역하는 것이 무척 힘들다는 사실을 절감했다고 고백한다. 그는 "셰익스피어 원문의 다만 의미를 번역할 뿐만 아니라 그 문체의 아름다움과 힘과 무엇보다도 자주 나오는 언어유희를 그대로 전한다는 것은 거의 불가능에 가까운 일이다. 우리말로 어느 정도까지 셰익스피어를 살릴 수 있는가 하는 한 실험 삼아 이 번역 일에 착수했었다"고 밝힌다.

최재서는 "To be, or not to be: that is the question"을 "살아 부지할 것인가, 죽어 없어질 것인가. 그것이 문제다"로 옮겼다. 그의 번역에서 돋보이는 것은 단순히 삶과 죽음 사이의 선택뿐 아니라 바람직한 생존의 의미가 무엇인지 성찰하는 햄릿의 태도도 엿볼 수 있다는 점이다. 또한 최재서는 그냥 생명 현상으로서의 '살다'의 반대 개념으로 '죽다'가 아니라 '죽어 없어지다'로 표현하여 사멸의 의미에 좀 더 무게를 둔다. 물론 '살아 부지하다'는 의미가 조금 모호하다는 점을 지적하지 않을 수 없다. 한국어에서 '목숨을 부지(扶持)하다'느니 '생명을 부지하다'느니 하는 표현은 자주 사용하여도 '살아 부지하다'라는 표현은 좀처럼 사용하지 않기 때문이다. '그것이 문제다'도 고뇌와 절망에 빠진 햄릿의 독백치고는 조금 밋밋하여 감흥이 별로 느껴지지 않는다.

1960년대 이후의 『햄릿』 번역

1960년대에 들어오면서 『햄릿』 번역은 가히 백가쟁명(百家爭鳴)의 시대를 맞이하였다. 이때부터 이 작품의 번역은 그야말로 우후죽순처럼 한꺼번에 쏟아져 나왔다. 이 무렵 활약한 번역가로는 여석기(呂石基)를 빼놓을 수 없다. 1964년 정음사에서 출간한 『셰익스피어 전집』 4권은 한국 셰익스피어 번역사에서 한 장(章)을 화려하게 장식한다. 이 전집에 수록된 『햄릿』을 번역한 사람이 바로 여석기였다. 그는 "To be, or not to be: that is the question"을 "사느냐, 죽느냐, 그것이 문제로다"로 번역했다가 뒷날 문예출판사에서 다시 개정판을 낼 때는 '죽느냐'와 '사느냐'의 위치를 살짝 바꾸어 놓았다.

죽느냐 사느냐, 이것이 문제로구나.

어느 쪽이 더 사나이다울까?

가혹한 운명의 화살을 받아도 참고 견딜 것인가?

아니면 밀려드는 재앙을 힘으로 막아 싸워 없앨 것인가?

죽어버려, 잠든다. 그것뿐이겠지.

여석기도 설정식처럼 한국어 어법에 걸맞게 '죽느냐'를 '사느냐'보다 앞에 두어 번역하였다. 그런데 문제는 두 번째 행 "어느 쪽이 더 사나이다울까?"에서 '사나이다울까'라는 말이다. 원문 'nobler in the mind'라는 구절의 의미는 '사나이답다'와는 조금 다르다. '여자답다'라는 말과 비교하여 '사나이답다'는 '남자답다'처럼 아무래도 신체적 특성에 주목하는 말이다. 국어사전에도 "한창때의 젊고 씩씩한 남자와 같은 특성을 갖춘 상태"로 풀이되어 있다. 물론 "인간이 사나이답다는 것은 단지 용기나 힘으로 성립된다고 생각하지 말라. 만약 당신이 노여움을 억제할 수 있고 남을 용

『햄릿』 번역에 이정표를 세운 여석기.

서할 수 있다면, 당신은 그 힘이나 용기보다도 훨씬 더 사나이다워질 것이다"라는 페르시아 격언처럼 단순히 육체적인 특성만을 가리키는 것으로 보는 데는 문제가 없지 않을지도 모른다. 어찌 되었든 햄릿이 이 독백에서 말하는 의미는 어떤 정신적 고귀함이다.

더구나 여석기는 설정식을 비롯한 다른 번역가들과는 달리 "그것이 문제로구나"를 "이것이 문제로구나"로 살짝 바꾸었다. '이것'과 '그것'이 도대체 무슨 차이가 있느냐고 물을지 모르지만 앞 장에서 언급했듯이 '어' 다르고 '아' 다른 것이 번역의 숙명이다. '이것(this)'은 화자 쪽에 가깝거나 친근한 것을 가리키지만 '저것(that)'은 화자에게서 좀 더 멀리 떨어져 있거나 소원한 것을 가리킨다. 동아시아 한자 문화권에서 주로 사용하는 '피(彼)'와 '차(此)'와 같은 의미다. 엄밀히 말하자면 '이것이~'라고 번역하면 독백하는 햄릿 쪽에게 좀 더 초점이 모인다.

지금까지 언급한 번역가들처럼 "죽는다는 것은 잠드는 것"이라고 번역하면 자칫 남의 말하듯이 가치중립적인 의미처럼 들린다. 그러나 여석기처럼 "죽어버려, 잠든다. 그것뿐이겠지"라고 옮기면 햄릿의 인간 실존을 둘러싼 내적 갈등과 함께 자살 의지마저 읽을 수 있다. 여석기는 한 인터뷰에서 20대의 그를 매료시켰던 것은 바로 이러한 햄릿의 모습이었다고 토로하였다. 그러면서 그는 "실존적 불안에 떨고 있는 현대인과 400년 전에 셰익스피어가 쓴 햄릿은 서로 동 떨어진 존재가 아니지요"라고 밝힌다.

한국 학자로서는 보기 드물게 셰익스피어 원전 비평에 관심을 기울인 이경식(李景植)은 "살 것이냐 아니면 죽을 것 이냐, 그것이 문제로다"로 번역하였다. 이경식은 목표어인 한국어보다는 원천어인 영어에 걸맞게 '살 것이냐'를 '죽을 것이냐' 앞에 두었다. 또한 접속 부사 '아니면'을 첨가하고 이것 대신 '그것'을 사용했다는 점에서도 여석기의 번역과 크게 다르다. 그런데 '살 것이냐'와 '죽은 것이냐'의 절박한 긴장 사이에 '아니면'을 삽입함으로써 오히려 시적 긴장이 조금 떨어진다.

여석기와 이경식의 뒤를 이어 젊은 번역가들도 햄릿 의 독백을 선배 번역가들과 거의 동일하거나 비슷하게 옮 겨 왔다. 가령 "살아남느냐, 죽어 없어지느냐, 그것이 문제 로다"(신정옥), "살 것인가, 아니면 죽을 것인가, 그것이 문제 다"(김정환), "사느냐, 죽느냐—그것이 문제구나"(노승희), "사느냐, 마느냐, 그것이 문제로구나"(박우수) 등이 바로 그 러하다. 이 밖에도 "과연 인생이란 살 가치가 있느냐 없느 냐"(이덕수), "삶이냐 죽음이냐"(강우영) 같은 번역도 있다.

1980~1990년대에 들어오면서 햄릿 독백의 번역에 가히

혁명적이라고 할 큰 변화가 일어나기 시작하였다. 이러한 변화는 최종철이 "To be, or not to be: that is the question"을 "있음이냐 없음이냐, 그것이 문제로다"로 번역하면서 촉발되었다. 햄릿의 독백을 이렇게 파격적으로 번역한 것에 대하여 그는 "이 독백이 살고 죽는 문제를 처음부터 단도직입적으로 명시하고 시작되는 것이 아니라 아주 쉽고 모호하며 지극히 함축적인 일반론으로 시작하기 때문"이라고 설명하였다. 그런데 최종철의 이 설명 또한 독백의 번역만큼이나 모호하다. 오죽하면 한 번역가는 최종철의 번역을 읽고 나서 비로소 『햄릿』을 새로 번역해야겠다고 마음을 굳혔겠는가. 그만큼 "있음이냐 없음이냐"의 번역은 국내 『햄릿』 번역계에 큰 파장을 불러일으켰다.

최종철의 스승인 이상섭(李商燮)은 최종철의 순한국어 '있음'과 '없음'을 한자어로 바꾸어 "존재냐, 비존재냐―그것이 문제다"로 옮겼다. 이상섭은 지금까지 여러 번역가들이 옮긴 "사느냐 죽느냐, 그것이 문제로다"는 '잘못된' 번역이라고 못 박아 말한다. 자신의 새 번역에 대하여 그는 "존재냐, 비존재냐"가 좀 더 원문에 가까운 번역이라고 주장한다. 그 근거로 "작품 속의 햄릿은 독일의 비텐베르크대학에 다니면서 심각한 책을 읽는 청년으로서 철학적 문제에 봉착해 있다"는 점을 든다. 이상섭은 '존재냐, 비존재냐'로 옮긴 것과 관련하여 시인 셰익스피어는 말할 것도 없고 철학도 햄릿의 성격을 살렸을 뿐 아니라 더 나아가 한국어 4·4조 리듬을 유지했다고 설명하였다.

12세기 당시 비텐베르크대학을 비롯한 서유럽 대학에서는 오늘날의 미국 학제처럼 특정한 전공이 없이 보편적인 인문 교육을 가르쳤다. 그러나 햄릿이 친구 호레이쇼에게 "여보게, 이 천지간에는 우리네 철학쯤 가지고서는 생각조차 못할 별의별 일이 다 있다네"(1막 5장)라고 말하는 것을 보면 덴마크의 왕자는 다분히 사변적이고 철학적으로 인문학적 소양을 갖춘 것 같다. 그렇다고 그의 독백을 "있음이냐 없음이냐, 그것이 문제로다"나 "존재냐, 비존재냐―그것이 문제다"로 옮기는 것은 옳지 않다.

물론 존재론은 아리스토텔레스의 고대 철학이나 중세의 스콜라 철학에서도 다루어졌지만 철학적 개념으로 정립된 것은 18세기 크리스티안 볼프와 19세기 헤겔과 마르틴 하이데거에 이르러서다. 최종철과 이상섭의 번역을 읽노라면 어딘지 모르게 낯선 느낌을 받는다. 한마디로 햄릿처럼 고뇌와 절망에 빠진 사람의 입에서 나오는 독백으로는 좀처럼 들리지 않는다.

이상섭의 번역은 제자 최종철의 번역과 본질에서 큰 차이가 없다. 다만 차이가 있다면 최종철이 순한글을 사용한 반면, 이상섭은 한자어를 사용한 점이다. '달빛'을 '월광(月光)'으로 바꾸고 '이쪽과 저쪽'을 '피차(彼此)'로 바꾼 것과 같은 차이일 뿐이다. '있음'을 '존재'로 바꾸고 '없음'을 '비존재'로 바꾼다고 철학적이 되는 것은 아니다. 요즈음 철학계에서도 일본 학자들이 만든 한자어 개념어를 순한글로 바꾸는 작업이 진행 중이다. 가령 하이데거가 처음 도입한 'Geworfenheit'를 그동안 일본 학자들을 따라 '피투성(被投性)'으로 사용해 오다가 최근에는 '던져진 존재'로 풀어서 사용하는 것이 좋은 예다. 물론 한자어를 사용하는 이상섭의 번역이 최종철의 번역보다 좀 더 고풍스럽고 철학적 분위기를 풍기는 것은 부정할 수 없는 사실이다.

최종철의 번역이나 이상섭의 번역이나 그렇게 적절하다고 보기 어렵다. 원천어인 영어의 언어적 관점으로 보아도 두 번역자의 번역은 받아들이기 어렵다. 영어 원문을 서구어로 번역하는 번역자라면 크게 문제가 없다. 가령 프랑스어 번역자라면 "To be, or not to be"를 "Être ou ne pas être"로 옮길 것이고, 독일어 번역가라면 "Sein oder Nichtsein"으로 옮길 것이다. 또 스페인어 번역가라면 "Ser o no ser"로 옮기면 그만이다. 이렇듯 인도유럽어 계통에 속하는 언어에서는 영어 'be'에 해당하는 동사로 번역하여도 크게 문제가 되지 않는다. 그러나 계통을 달리하는 언어권으로 오면 사정은 크게 달라진다. 가령 동아시아 문화권의 언어로 번역할 때 'be'를 그대로 '있음'이나 '존재'로 옮겨서는 제대로 의미를 전달할 수 없다.

자칫 그냥 놓치고 넘어가기 쉽지만 셰익스피어가 'to be or not to be'를 사용하고 'being or not being'을 사용하지 않는다는 점도 좀 더 꼼꼼히 눈여겨보아야 한다. 최종철과 이상섭은 'to' 부정사와 분사(~ing) 문법적 차이를 놓치고 있는 것 같다. 예를 들어 "He isn't the man to desert me"처럼 부정사는 주로 미래와 관련 있는 일에 많이 쓰인다. '그'는 '나'를 버릴 남자가 아닐뿐더러 만약 버린다고 하여도 그 시점이 미래다. 한편 현재분사는 "This is a dog causing a lot of noise"처럼 현재와 관련이 있는 일에 더 많이 쓰인다. 여기서 그 개는 평소에 많이 짖는 개를 가리킨다.

윤혜준은 "죽느냐 사느냐, 그것이 문제로다"로 번역하는 것에 문제가 있다고 지적한다. 그러면서 이러한 번역을 한국 번역가들이 일본 학자들의 실수를 그대로 받아들인 탓에 생긴 것이라고 주장한다. "To be, or not to be"를 삶과 죽음의 문제로 해석하여 번역하는 것은 적절하지 않으며, 'be' 동사는 '~이다'로 해석하는 것이 일반적인 관례라고 지적한다. 그러면서 윤혜준은 "내가 덴마크의 왕자인지 아닌지, 그것이 문제로다"로 번역하는 것이 더 적절하다는 것이다. 그러나 그의 주장은 'be' 동사의 다양한 의미를 이해하지 못하는 데서 비롯한다.

2001년 미국 랜덤하우스 출판사에서 발행한 『웹스터 무삭제영어사전』은 'be'의 첫 번째 정의로 "to exist or live"로 풀이한다. 그러면서 "Shakespeare's 'To be or not to be' is the ulitmate question"을 그 구체적인 실례로 든다. 그러므로 햄릿의 독백을 한국어로 옮기려는 번역가는 서구 번역가들과는 달리 'be'를 그대로 존재의 의미로 직역하는 대신 동사의 구체적인 의미를 찾아서 번역해야 한다.

독백하는 장면에서 햄릿은 삶과 죽음에 대하여 생각하고 있다. 좁게는 자신의 존재 이유에 대하여, 좀 더 넓게는 인간 실존에 대하여 심각한 의문을 품는다. 햄릿은 유령을 만난 뒤 "지금 세상은 온통 사개가 맞지 않고 있어. 그것을 바로 맞춰야 하다니 내 팔자도 기구하지"(1막 5장)라고 말한다. 이렇게 뒤틀린 사개를 바로 맞추기 위해서는 목숨을 부지하고 살아 있어야 할 것이다.

미국 대학에서 교재로 널리 쓰이는 예일대학교 출판사에서 출간한 '주석판 셰익스피어' 시리즈의 『햄릿』(2003)에는 다른 낱말이나 어구에 대해서는 지나치다 싶을 만큼 자세하게 주석을 달면서도 유독 "To be, or not to be: that is the question"에는 아무런 주석도 달지 않았다. 그만큼 이 구절의 해석에 별다른 의문도 품지 않기 때문이다. 한편 영국의 권위 있는 케임브리지대학교 출판사에서 출간한 '뉴 케임브리지 셰익스피어(NCS)' 시리즈의 『햄릿』(1985, 2003)에서 편집자 필립 에드워즈는 "햄릿은 지금 스스로 목숨을 끊어야 할지 말아야 할지를 두고 고민하고 있다"고 밝힌다. 비교적 최근에 나온 '펭귄 클래식' 『햄릿』(2015)에서도 편집자는 'NCS 판' 『햄릿』의 편집자와 마찬가지로 계속 살아야 할 것인가, 아니면 자살할 것인가를 두고 실존적 선택의 갈림길에 놓여 있다고 지적한다.

가장 뒤늦게 참여한 번역가 중에서도 설준규의 번역은 눈길을 끈다. 2016년 셰익스피어 서거 400주기를 맞아 그는 『햄릿』을 새롭게 번역하였다. 최종철의 "있음이냐 없음이냐"나 이상섭의 "존재냐 비존재냐"에 대한 대안의 성격이 강하다.

이대로냐, 아니냐, 그것이 문제다.
어느 쪽이 더 장한가, 포학한 운명의
돌팔매와 화살을 마음으로 받아내는 것
아니면 환난의 바다에 맞서 무기 들고
대적해서 끝장내는 것? 죽는 것—잠 드는 것,
그뿐.

최종철과 이상섭이 'be'를 존재 동사로 번역했다면 설준규는 상태 동사로 번역하였다. 좀 더 구체적으로 말하자면 설준규는 햄릿이 지금 이 상태로 계속 남아 있을 것이냐, 즉 아버지가 독살당하고 어머니가 친족 살해범인 삼촌과 결혼한 비극적 상황에서 계속 생명을 부지하고 살아남아 있을 것이냐 여부를 두고 진지하게 숙고하고 있다고 해석하여 번역하였다. "이대로냐, 아니냐"는 살아 있을 것이냐 죽을 것이냐의 선택을 완곡하게 표현한 것으로 볼 수 있다. 그러므로 설준규의 번역은 최종철이나 이상섭의 번역보다는 차라리 그 이전의 번역가들과 궤를 같이한다.

설준규는 "이대로냐, 아니냐, 그것이 문제다"로 번역한 것에 대하여 "'be'는 우리말로는 구분되는 ① '~이 있다'(존재)와 ② '~이다'(존재의 상태 또는 성질)의 두 뜻을 포괄하는데, 이 대목에도 그 두 뜻이 모두 실려 있다"고 지적한다. 그러면서 그는 계속하여 "'현 상태 그대로 그냥 있을 것이냐, 아니면 삶의 (죽음을 포함한) 근본적인 변화를 모색할 것인가'라는 뜻으로 읽히기를 기대하면서 지금처럼 옮겨보았지만 흡족하진 않다"고 말한다. 설준규가 자신의 번역이 '흡족하지 않다'고 말하는 것은 아마 좀 더 구체적으로 "죽느냐 사느냐"로 옮기지 않고 에둘러 옮긴 것을 두고 이르는 말로 읽힌다. 그는 "삶과 죽음 자체에 관한 것이 아니라, 현실을 받아들일 것인가 아니면 싸워서 그것을 넘어설 것인가라는 삶의 방식에 관한 것"이라고 설명하였다.

그러나 첫 문장은 최종철이나 이상섭 번역에 대한 대안으로 어느 정도 이해할 수 있지만 나머지 문장의 번역은 그렇게 썩 좋은 번역으로 보기 어렵다. 원문 "Whether 'tis nobler in the mind to suffer"에서 'in the mind'가 'suffer' 동사를 수식하는 부사구로 잘못 해석하여 "돌팔매와 화살을 마음으로 받아내는 것"으로 옮긴 것은 적절하지 않다. 또한 그 다음 행의 "아니면 환난의 바다에 맞서 무기 들고 / 대적해서 끝장내는 것?"도 선택의 갈림길에 놓여 있는 햄릿의 미묘한 심리를 옮기는 데는 역부족이다. 그런가 하면 "죽는 것—잠 드는 것, / 그뿐"도 시적인 묘미를 제대로 살려내지 못하였다.

설준규의 번역은 어떤 의미에서는 도쿄대학 영문과 교수를 지낸 오다시마 유시(小田島雄志)가 번역한 『햄릿』과 여러모로 비슷하다. 오다시마는 쓰보우치 쇼요에 이어 일본에서 셰익스피어 전문가로 정평이 나 있는 학자다. 오다시마는 한국에서는 『내게 셰익스피어가 찾아왔다』(1914)라는 제목으로 출간한 『셰익스피어의 연애학(シェイクスピアの戀愛學)』(1910)에서 문제의 독백 "To be, or not to be: that is the question"을 "이대로 괜찮은가, 아닌가? 그것이 문제로다"로 번역하였다. 그러면서 그는 이렇게 번역한 계기를 마련해 준 사람이 바로 도쿄대학의 나카노 요시다[요시오](中野好夫) 교수였다고 밝힌다. 그가 도쿄대학에 다닐 때 나카노 교수가 강의 중에 "일본에서는 '사느냐, 죽느냐'라는 번역으로 널리 알려져 있는데, 이것은 'to live or to die'도 아니고, 'life or death'도 아니다. 그보다 훨씬 더 확실치 않은 것인데…… 달리 번역할 말이 없을까……"라고 말했다는 것이다.

오다시마는 나카노 교수의 주장에 수긍하였고 뒷날 1983년 하쿠수이샤(白水社) '셰익스피어 전집'에 『햄릿』을 번역하면서 "이대로 괜찮은가, 아닌가? 그것이 문제로다"로 옮겼다. 나중에 그의 번역이 신문에 소개되었을 때 나카노 교수가 오다시마에게 전화를 걸어 "자네가 드디어 해냈구먼"이라고 칭찬을 해 주었다고 전한다. 그러면서 오다시마는 셰익스피어가 작중인물에게 중요한 독백을 하게 할 때는 모호한 말투를 쓴 다음에 그 내용에 대한 설명을 붙인다는 사실을 알게 되었다고 말한다. 다음은 오다시마의 햄릿 독백 중 문제의 앞부분이다.

이대로 괜찮은가, 아닌가? 그것이 문제로다.
어느 쪽이 더 당당한 삶인가

이대로 마음속에서 가혹한 운명의 화살을 참는 것인
가

아니면 다가오는 고난의 거센 파도에 정면으로 맞서
싸워

그것에 종지부를 찍는 것인가.

뒷날 설준규가 원문 "nobler in the mind to suffer"에서
'in the mind'가 'suffer'를 수식하는 부사구로 잘못 해석하
는 것처럼 오다시마 유시오도 그렇게 잘못 번역하였다. 설준
규가 "어느 쪽이 더 장한가"로 번역한 구절을 오다시마는
"어느 쪽이 더 당당한 삶인가"로 옮겼다. '장하다'와 '당당
하다'는 의미에서 큰 차이가 없다. 또한 설준규의 번역 "돌
팔매와 화살을 마음으로 받아내는 것"은 오다시마의 "이대
로 마음속에서 가혹한 운명의 화살을 참는 것인가"와 어휘
구사가 비슷하다. 그런가 하면 마지막 구절에서도 오다시마
가 "아니면 다가오는 고난의 거센 파도에 정면으로 맞서 싸
워 / 그것에 종지부를 찍는 것인가"로 번역한 것처럼 설준규
도 "아니면 환난의 바다에 맞서 무기 들고 / 대적해서 끝장
내는 것?"으로 번역하였다.

『햄릿』과 일본

윌리엄 셰익스피어의 『햄릿』을 번역하면서 한국 번역가들은 일본어 번역에서 직간접으로 크고 작은 영향을 받았다. 이러한 현상은 일제 강점기에 두드러지게 나타나지만 해방 후에도 일본어 해독자들을 중심으로 어느 정도 여전히 계속되었다. 이 점에서 일본에서 『햄릿』이 그동안 어떻게 번역되어 왔는지 살펴볼 필요가 있다. 이 작품은 일찍이 메이지 시대부터 지금까지 무려 40편이 넘는 번역본이 나왔다. 그래서 햄릿이 '덴마크의 왕자'가 아니라 차라리 '일본의 왕자'라고 불러야 한다고 주장하는 학자도 있다.

햄릿의 독백이 일본에서 처음 번역된 것은 메이지 7년 (1874)이다. 물론 이 번역은 정식 번역이 아니라 당시 요코하마(橫浜)의 외인 거류지에 살던 외국인들이 발행한 풍자만화 잡지 《일본 펀치》에 실린 기사에 근거한다. 이 잡지의 편집자 찰스 워그먼은 "아리마스 아리마셴 아레하나데스카(ア リマス, アリマセン, アレハナデスカ)"라는 번역 문장을 삽화에 실었다. "있습니다, 있지 않습니다, 저것은 무엇입니까" 정도의 의미로 누가 보아도 일본인들의 엉터리 영어 말투를 조금 조롱하는 듯한 말투다.

그 뒤 메이지 15년(1882) 도야마 마사카즈(外山正一)는 "살

아야 할까 죽어야 할지, 그것이 문제다(死ぬるが增か生くるが增か 思案をするはこゝぞかし)"로 번역하였고, 같은 해 야타베 료키치(矢田部良吉)는 "하지만 어쩔 수 있을까, 여기가 사안의 끝이야.(ながらふべきか但し又 ながらふべきに非るか 爰ここが思案のしどころぞ)"로 번역하였다. 일본에서 두 차례에 걸쳐 셰익스피어 전집을 번역한 쓰보우치 쇼요는 메이지 42년 (1909)에 가부키(歌舞伎) 풍으로 "존재할까 존재하지 않을까, 그것이 의문이로다(存ふるか,存へぬか, それが疑問ぢゃ)"로 번역했다가 다이쇼(大正) 15년이자 쇼와 원년(1926)에 이르러서는 좀 더 구어체로 "세상에 있는가, 세상에 없는가, 그것이 의문이야(世に在る,世に在らぬ,それが疑問ぢゃ)"로 옮겼다. 다이쇼 11년(1922) 구메 마사오(久米正雄)는 "사느냐 죽느냐······ 그것이 문제다(生か死か······それが問題だ)"로 번역하였다.

그런데 나카노 요시다의 지적대로 일본에서는 "살아야 하느냐, 죽어야 하느냐(生きるか死ぬか)"라는 번역이 가장 널리 쓰이고 있다. 쇼와 시대의 번역가 후쿠다 쓰네아리(福田恆存)는 신쵸사(新潮社) 판 『햄릿』에서 "살아, 죽어, 그것이 의문이다"로 옮겼고, 노지마 히데카쓰(野島秀勝)는 이와나미(岩波) 문고판 『햄릿』에서 "사는지, 죽을지, 그것이 문제다"로 옮겼다. 한편 마쓰오카 가즈코(松岡和子)는 지쿠마(ちくま) 문고판 『햄릿』 번역에서 "살아 머물까, 사라져 없어질까, 그것이 문

제다"로 번역하였다. 가장 최근 영문학자요 극작가인 가와이 쇼이치로(河合祥一郎)는 가도카와(角川) 문고판 『햄릿』에서 "살아야 할지, 죽어야 할지, 그것이 문제다"로 옮겼다. 심지어 무대 상연을 염두에 두고 옮긴 번역가 중에는 "행동할 것인가 행동하지 말 것인가, 그것이 문제다"로 번역한 사람도 있다.

햄릿이 3막 1장에서 혼잣말로 내뱉는 "To be, or not to be: that is the question"의 독백을 둘러싼 번역은 일본에서나 한국에서나 예나 지금이나 아직도 해결되지 않은 난제 중의 하나로 흔히 꼽힌다. 또한 번역가가 자신의 번역의 순도를 시험하는 시금석이라고도 할 수 있다. 햄릿의 독백을 어떻게 번역하는가, 그것이 번역가들이 부딪히는 문제다. 이독백의 번역은 그 자체로 번역 연구나 번역학의 한 연구 주제가 될 수 있다.

그런데 이렇게 정신이 어지러울 정도로 온갖 번역이 난무하는 것은 좀 더 좋은 번역을 얻기 위한 시도로 볼 수 있다. 생물이 생식과 생존에 유리한 방향으로 진화하듯이 번역도 시대에 걸맞게 좀 더 좋은 상태로 진화하게 마련이다. 그러나 달리 생각해 보면 이러한 번역 태도는 부정적인 측면도 없지 않다. 번역가들은 독창적인 영역을 확보하려고 필요 이상으로 늘 기존의 번역과 차별을 두려고 한다. 선배 번역가들의 번역이 아무리 적절하고 충실해도 자신만의 영역을 확보하기 위하여 어떤 식으로든지 차별성을 꾀하려고 애쓴다.

20세기에 가장 활발하게 활동한 비평가로 흔히 평가받는 해럴드 블룸은 시인의 영향에 관한 독창적 이론을 전개하여 관심을 끌었다. 후배 시인은 늘 독창적 상상력을 선취한 선배 시인에게서 받는 영향에 불안을 느끼는데 이러한 '영향의 불안'이 새로운 시를 창조하는 원동력이 된다는 것이다. 다시 말해서 블룸은 문학 전통의 연속성보다는 불연속성, 즉 후배 시인들과 선배 시인들이 펼치는 갈등과 투쟁의 미학에 무게를 둔다.

적어도 이 점에서는 번역가도 시인과 크게 다르지 않다. 나는 후배 번역가들이 선배 번역가들에게 느끼는 '영향의 불안'을 '독창성 오류'라고 부른다. 번역가는 독창성을 지나치게 내세우려는 나머지 오류를 범하게 된다. 번역가에게 무엇보다도 소중한 미덕은 창작가의 독창성이 아니라 원작자의 의도를 충실히 살리려는 번역가의 성실성이라는 사실을 잊지 말아야 할 것이다.

참고문헌

I. 국내 단행본 저서

김병철.『한국근대번역문학사연구』. 을유문화사, 1975.

_____.『서양문학번역논저연표』. 을유문화사, 1978.

_____.『한국현대번역문학사연구』(전2권). 을유문화사, 1998.

김욱동.『번역인가 반역인가』. 문학수첩, 2008.

_____.『번역과 한국의 근대』. 소명출판, 2010.

_____.『근대의 세 번역가: 서재필·최남선·김억』. 소명출판, 2010.

_____.『번역의 미로: 번역에 관한 열두 가지 물음』. 글항아리, 2011.

_____.『오역의 문화』. 소명출판, 2014.

김택규.『번역의 말들: 읽는 사람을 위한 번역 이야깃거리』. 유유, 2022.

김현숙.『영어번역 이론과 실제: 어떻게 번역할까?』. 신아사, 2016.

박규태.『번역과 반역의 갈래에서: 어느 번역가의 인문이 담긴 영성 이야기』. 새물결플러스, 2012.

박상익.『번역은 반역인가』. 푸른역사, 2006.

윤영삼.『갈등하는 번역』. 글항아리, 2015.

윤후남.『전문번역, 나도 할 수 있다: 전문 번역가를 위한 번역의 이론과 실제』. 한국학술정보, 2016.

이근희.『번역의 이론과 실제』(2판). 한국문화사, 2008.

이종인.『번역은 글쓰기다』. 즐거운상상, 2009.

이종인·최정수·권남희·강주헌·송병선.『번역은 내 운명』. 즐거운상상, 2006.

이 향.『번역이란 무엇인가』. 살림, 2008.

이희재. 『번역의 탄생: 한국어가 바로 서는 살아 있는 번역 강의』. 교양
　　인, 2009.
＿＿＿. 『번역의 모험: 원문을 죽여야 원문이 사는 역설의 번역론』. 교양
　　인, 2021.
지정숙. 『초보자를 위한 번역의 7단계 이론』. 교보문고, 2013.
최성희. 『AI 시대의 번역』. 세창출판사, 2019.

II. 외국 단행본 저서

Bassnett, Susan. *Translation Studies*. 3rd ed. London: Routledge, 2002.

Bermann, Sandra, and Catherine Porter, eds. *A Companion to Translation Studies*. Malden: Wiley and Blackwell, 2014.

Deane-Cox, Sharon, and Anneleen Spiessens, eds. *The Routledge Handbook of Translation and Memory*. New York: Routledge, 2022.

Hart, Jonathan Locke, ed. *Shakespeare and Asia*. London: Routledge, 2019.

Kennedy, Dennis. *Foreign Shakespeare: Contemporary Performance*. Cambridge: Cambridge University Press, 1993.

Kim, Wook-Dong. *Global Perspectives on Korean Literature*. London: Palgrave Macmillan, 2019.

＿＿＿. *Translations in Korea: Theory and Practice*. London: Palgrave Macmillan, 2019.

Kishi, Tetsuo, and Graham Bradshaw. *Shakespeare in Japan*. New York: Continuum, 2005.

Kuhiwczak, Piotr, and Karin Littau. *A Companion to Translation Studies*.

Clevedon: Multilingual Matters, 2007.

Munday, Jeremy. *Introducing Translation Studies: Theories and Applications*. 2nd ed. London: Routledge, 2008.

_____, ed. *The Routledge Companion to Translation Studies*. London: Routledge, 2009.

Newmark, Peter. *A Textbook of Translation*. New York: Prentice Hall, 1988.

Nida, Eugene, and Charles R. Taber. *The Theory and Practice of Translation, with Special Reference to Bible Translating*. Leiden: Brill, 1969.

Shakespeare, William. *Hamlet*. Ed. Burton Raffel. New Haven: Yale University Press, 2003.

_____. *Hamlet*. Ed. Philip Edwards. Cambridge: Cambridge University Press, 2003.

_____. *Hamlet*. Ed. T. J. B. Spencer. New York: Penguin Classic, 2015.

Takashi, Sasayama, J. R. Mulryne, and M. Shrewing, eds. *Shakespeare and the Japanese Stage*. Cambridge: Cambridge University Press, 1998.

Venuti, Lawrence. *The Translator's Invisibility: A History of Translation*. New York: Routledge, 1995.

https://symmetricalhamlet.hatenablog.com/entry/2021/01/01/095355
https://ml-geki.com/stage-actor-column/to-be-or-not-to-be/
https://blog.goo.ne.jp/kkaizo/e/18a299dec2e162736a91882728b45e97